출제기준에 입각한 "최신판"

떡제조기능사 실기
떡&한식디저트

도서출판유강

서문(序文)

**한 권의 문학서적과 인문서적이 인생을 바꾸지만,
직업교육에 필요한 전문서적은 희망과 행복을 만듭니다.**

　예전부터 농사를 지어 쌀을 주식으로 사용할 무렵부터 떡을 먹기 시작하였고, 곡물의 생산량이 증가함에 따라 떡의 종류가 다양해지고 점점 발전하고 있습니다. 고려시대에는 불교 문화의 영향으로 차 문화가 발달하였고, 차에 곁들여 먹을 수 있는 떡과 한과가 함께 발달하였습니다. 조선 시대에는 농업 기술과 음식 조리 및 가공식품의 기술이 발달함에 발맞춰 떡의 종류가 다양해졌고, 유교문화가 사회 전반에 퍼지면서 행사나 잔치에 빠질 수 없는 음식으로 자리를 차지하고 있었습니다. 그러다가, 빵·과자가 급상승할 시기에는 떡 문화는 잠시 주춤했었지만, 요즘은 건강한 식생활에 대한 관심이 커지면서 한식 디저트 메뉴가 다시 주목받고 있습니다.

　이에, 국가직무 표준 NCS 직업 능력 개발 훈련을 통하여 소비자의 요구에 맞게 하기 위하여 산업체 현장의 실무 중심의 인재 양성을 필요로 하고 있습니다. 또한, 2020년부터 시행한 떡제조기능사 자격검정 제도로 인해 한층 더 떡에 대한 관심도가 높아지고, 떡 업체 현장에 좀 더 위생적인 면에서나 시스템적인 면에 있어서 현저하게 체계적으로 자리 잡혀가고 있습니다.

　본 교재의 〈제1부. 떡 제조기능사 실기〉에서는 실기시험 품목 8가지 작품을 제조 과정과 함께 상세히 설명하였습니다. 〈제2부. 떡 현장 품목〉 60품목 (설기떡류, 켜떡류, 빚어지는떡류, 약밥, 인절미류, 고물류, 가래떡류, 찌는 찰떡류, 경단류, 지지는 떡류, 부풀려서 찌는 떡, 단자류, 개피떡류, 떡케이크) 〈제3부. 한식 디저트〉 40품목 (한과류, 음청류) 총 108품목을 수록하였습니다.

　대한민국 외식 산업의 발전에 부응하여, 우수한 떡 전문가의 인력 양성에 기여하고자 노력하였으며, 세계적인 경쟁 속에서 성공할 수 있는 한국의 떡 교육의 지침서가 될 수 있으리라 믿습니다.

　본 교재가 나오기까지 물심양면으로 지원해 주신 도서 출판 유강의 유인하 회장님과 사진 촬영 및 편집에 수고해주신 씨엠씨 황익상 실장님과 옥별 선생님, 성남제과조리커피직업전문학교, 성남요리학원, 성남제과제빵학원의 교직원 여러분께 감사의 인사를 드립니다.

여러분 들의 성공을 기원 드립니다.
저자 드림

목 차

이론 … 11
1. 떡의 어원 ………………………… 12
2. 떡 문화 …………………………… 12
3. 떡 제조 공정 ……………………… 16
4. 도구·장비의 종류및 용도 ………… 19

제1부. 떡 제조기능사 실기 품목   21
1. 콩설기떡, 부꾸미 ………………… 26
2. 송편, 쇠머리떡 …………………… 32
3. 무지개떡(삼색), 경단 ……………… 38
4. 백편, 인절미 ……………………… 44

제2부. 떡 현장 품목   51

제1장 설기떡류 ………………………… 52
백설기 / 쑥설기 / 호박설기 / 무지개떡(4색) /
단호박편 / 대추약편 / 잡과병

제2장 켜떡류 …………………………… 59
팥시루떡 / 단호박 팥시루떡 / 녹두찰편 /
단호박 켜떡 / 두텁떡 / 두텁편

제3장 빚어찌는 떡류 …………………… 65
삼색송편 / 꽃송편 /
모양송편(매화송편, 잎새송편, 호박송편)

제4장 약밥 ……………………………… 70
약식 / 녹차약식 / 약식케이크

제5장 인절미류 ………………………… 73
흑임자 인절미 / 꽃인절미 / 단호박 인절미말이 /
밥알 인절미

제6장 고물류 …………………………… 77
삶은 고물류 / 찌는 고물류(거피팥고물) /
볶은 고물류

제7장 가래떡류 ………………………… 80
가래떡 / 조랭이떡 / 쑥절편 / 오색꽃절편 / 사탕절편

제8장 찌는 찰떡류 ……………………… 85
동부찰편 / 흑임자찰편 / 깨찰편 / 콩찰편 /
구름떡 / 단호박 구름떡 / 흑미영양떡 /
찹쌀떡 / 커피찰떡

제9장 경단류 ········· 94
수수경단 / 오색경단

제10장 지지는 떡류 ········· 96
화전 / 삼색부꾸미 / 수수부꾸미 / 개성주악

제11장 부풀려서 찌는 떡 ········· 100
증편 / 보리증편

제12장 단자류 ········· 102
삼색단자(대추채, 밤채, 석이채) / 쑥굴레

제13장 개피떡류 ········· 104
개피떡 / 고깔떡 / 꽃산병

제14장 떡케이크 ········· 107
앙금플라워 떡케이크1 / 앙금플라워 떡케이크2 /
앙금보자기 떡케이크 / 블루베리 무스 떡케이크 /
녹차 떡케이크

제3부. 한식 디저트 114

제1장 한과류 ········· 116
강란 / 조란 / 율란 / 대추초 / 밤초 / 잣구리 /
계강과 / 도라지 정과 / 인삼편정과 / 연근정과 /
감자정과 / 오미자 배 정과 / 섭산삼 / 호두강정 /
깨엿강정 / 쌀엿강정 / 약과 / 모약과 /
개성우메기(주악) / 매작과 / 과편 /
커피양갱 / 편강 / 꽃부각 / 곶감호두말이 /
연근부각 / 오란다 강정

제2장 음청류 ········· 143
오미자화채 / 떡수단 / 원소병 / 단호박식혜 /
배숙 / 곶감 수정과 / 백향과청(패션후르츠) /
단호박 막걸리 / 블루베리 막걸리 /
오미자 막걸리 칵테일 / 유자 막걸리 칵테일 /
키위 막걸리 칵테일 / 이양주

참고문헌 ··· 156

제1부. 떡 제조기능사 실기 품목

 콩설기떡 26
 부꾸미 29
 송편 32
 쇠머리떡 35

 무지개떡(삼색) 38
 경단 41
 백편 44
 인절미 47

제2부. 떡 현장 품목

제1장 설기떡류

 백설기 52
 쑥설기 53
 호박설기 54
 무지개떡(4색) 55

제2장 켜떡류

 단호박편 56
 대추약편 57
 잡과병 58
팥시루떡 59

 단호박 팥시루떡 60
 녹두찰편 61
 단호박 켜떡 62
 두텁떡 63

제3장 빚어찌는 떡류

 두텁편 64
 삼색송편 65
 꽃송편 66
 모양송편(매화송편) 67

제4장 약밥

 모양송편(잎새송편) 68

 모양송편(호박송편) 69

 약식 70

 녹차약식 71

제5장 인절미류

 약식케이크 72

 흑임자 인절미 73

 꽃인절미 74

 단호박 인절미말이 75

제6장 고물류

 밥알 인절미 76

 삶은 고물류 77

 찌는 고물류(거피팥고물) 78

 볶은 고물류 79

제7장 가래떡류

 가래떡 80

 조랭이떡 81

 쑥절편 82

 오색꽃절편 83

제8장 찌는 찰떡류

 사탕절편 84

 동부찰편 85

 흑임자찰편 86

 깨찰편 87

 콩찰편 88

 구름떡 89

 단호박 구름떡 90

 흑미영양떡 91

제9장 경단류

찹쌀떡 92

커피찰떡 93

수수경단 94

오색경단 95

제10장 지지는 떡류

화전 96

삼색부꾸미 97

수수부꾸미 98

개성주악 99

제11장 부풀려서 찌는 떡

증편 100

보리증편 101

제12장 단자류

삼색단자(대추채, 밤채, 석이채) 102

쑥굴레 103

제13장 개피떡류

개피떡 104

고깔떡 105

꽃산병 106

제14장 떡케이크

앙금플라워 떡케이크1(떡) 107

앙금플라워 떡케이크1(꽃) 108

앙금플라워 떡케이크2(떡) 109

앙금플라워 떡케이크2(꽃) 110

앙금보자기 떡케이크 111

블루베리 무스 떡케이크 112

녹차 떡케이크 113

제3부. 한식 디저트

제1장 한과류

강란 116

조란 117

율란 118

대추초 119

밤초 120

잣구리 121

계강과 122

도라지 정과 123

인삼편정과 124

연근정과 125

감자정과 126

오미자 배 정과 127

섭산삼 128

호두강정 129

깨엿강정 130

쌀엿강정 131

약과 132

모약과 133

개성우메기(주악) 134

매작과 135

과편 136

커피양갱 137

편강 138

꽃부각 139

제2장 음청류

 곶감호두말이 140
 연근부각 141
 오란다 강정 142
 오미자화채 143

 떡수단 144
 원소병 145
 단호박식혜 146
 배숙 147

 곶감 수정과 148
 백향과청(패션후르츠) 149
 단호박 막걸리 150
 블루베리 막걸리 151

 오미자 막걸리 칵테일 152
 유자 막걸리 칵테일 153
 키위 막걸리 칵테일 154
 이양주 155

이론

1. 떡의 어원
2. 떡 문화
3. 떡 제조 공정
4. 도구 · 장비의 종류및 용도

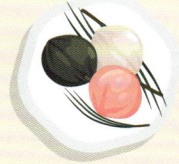

이론

1 떡의 어원

(1) 떡의 시작
시루가 등장한 청동시대 또는 초기 철기시대라 할 수 있으며, 한대(漢代) 이전에 떡을 이(餌)라 표기하였고, 쌀, 기장, 콩 등으로 만들었다고 한다.

(2) 한대 이전
구이분자(糗餌粉餈) : 조선시대『성호사설』
① **구(糗)** : 볶은 콩
② **이(餌)** : 합쳐 찌는 것
③ **분(粉)** : 콩가루
④ **자(餈)** : 만드는 것
⑤ **구이(糗餌)** : 찹쌀이나 기장쌀로 가루를 만들어 볶은 콩을 얹어 만든 떡을 말한다.
⑥ **분자(粉餈)** : 찹쌀과 기장쌀을 쪄서 친 다음 콩가루를 묻힌 것을 말한다.

(3) 한대 이후(밀가루가 보급)
① **병(餠)** : 밀가루로 만든 떡
② **『규합총서(閨閤叢書)』** : 떡이란 호칭을 처음 표기

2 떡 문화

01. 시, 절식으로서의 떡 (세시 음식)

세시음식이란 절기에 맞춰서 만들어 먹는 음식으로 명절음식과 시절음식을 통틀어 일컫는다.
- **시절식** : 봄·여름·가을·겨울의 각 계절에 나는 제철 식품으로 만드는 음식을 말한다.
- **명절식** : 절일(혹은 명일)에 그 의미가 맞게끔 해먹는 음식을 말한다.

1) 세시음식의 역사
문헌에 나타난 명절에 관한 최초의 자료는 고대 부족국가의 제천의식이다.
① **고려시대의 팔관회** : 설, 상원, 한식, 추석, 중구, 동지와 함께 고려의 명절이었다.
② **삼국시대** : 설, 정월 대보름, 가배, 수리, 유두
              제천의식이 전승되었으며 그밖에 시조제(始祖祭), 농신제(農神祭), 산천제(山川祭) 등이 있다.
③ **조선조** : 상고의 제천의식과 맥을 함께하는 농경의례적인 산천제, 기우제의 풍습이 있었다.

2) 세시 음식

(1) 정월 초하루(설날) : 원단(元旦), 연수(年首), 신일(愼日), 세수(歲首)
음식 : 떡국, 두텁떡, 수정과, 식혜, 잡채, 떡볶이, 육회

(2) 정월 대보름(상원)
① **오곡밥** : 새해에도 모든 곡식이 잘 되기를 바란다는 뜻으로, 찹쌀, 차수수, 차조, 콩, 팥 등 다섯가지 이상의 곡식을 섞어 지은 밥이다.
② **약밥** : 찹쌀, 대추, 밤, 꿀, 잣 등을 섞어 찐 밥이다.
③ **복쌈** : 풍년이 들기를 원해 볏단 쌓듯이 쌈 싸서 덕음. 상추, 참취나물, 김 등으로 밥을 싸서 먹는 것을 겹복쌈이라 한다.
④ **부럼** : 상원 이른 새벽에 날밤, 호두, 은행, 무 등을 깨물며 "1년 12달 동안 무사 태평하고 종기나 부스럼이 나지 말라고 바라는 것"이었다. 이를 부럼이라 한다.
⑤ **묵은 나물(上元菜)** : 호박고지, 박고지, 가지, 각종, 마름버섯, 고사리, 고비, 시래기 등 갖은 나물(아홉가지)을 말려 두었다가 나물로 무쳐 먹는다.
⑥ **귀밝이술(耳明酒)** : 동국세시기에 '보름달 청주 한 잔을 데우지 않고 마시면 귀가 밝아진다'는 등의 전설이 있다.
⑦ **정월 대보름 음식** : 편육, 나박김치, 정과, 교잣상, 너비아니 구이, 가리찜, 저냐, 잡채, 김구이, 원소병, 강정, 부꾸미, 두텁떡

(3) 이월 초하루 (중화절(中和節), 노비일(奴婢日), 머슴날): 노비송편, 콩 볶아 먹기

(4) 입 춘
① 24절기 중 첫 절기(농업의 시발점)
② **오신반(五辛盤)** : 승검초(당귀), 멧갓, 움파를 가지고 만든 매운 음식. 겨울동안의 비타민을 보충하는 선인들의 지혜가 담겨있다.

(5) 삼월 삼짇날(상사(上巳), 중삼(重三), 상제(尙除):
① 두견화전, 진달래 화채, 개피떡, 두견화주, 송순주, 과하주, 탕평채
② **화면** : 녹두가루를 반죽하여 익힌 것을 가늘게 썰어 오미자(五味子) 국에 띄운 뒤, 꿀을 섞고 잣을 곁들인 것

(6) 사월 한식(寒食) : 한식은 동지 후 105일째 되는 날이다.

(7) 사월 초파일:
① 유엽병(느티떡, 鍮葉餠)
느티나무에 새싹이 나올 때이므로 연한 느티잎을 따다가 멥쌀가루와 섞어 떡켜를 도톰하게 하여 찐 설기떡.
② 콩볶음, 파강회, 증편, 어채

(8) 오월 초닷새(단오(端午), 수릿날, 중오절(重五節), 천중절(天中節), 단양(端陽)):
① 수리취 절편(차륜병, 단오병)
멥쌀가루에 파랗게 데친 수리취를 곱게 다져 섞어 쪄서 참기름을 발라가며 둥글납작하게 밀어 빚어서 수레바퀴 문양의 떡살로 찍어 낸다.

> **Tip**
> - 차륜병 : 절편을 만들 때 둥근 수레바퀴 모양으로 찍어 만든다.
> - 수리 : 우리말의 수레(車)를 의미한다.

② 제호탕(醍醐湯)
여름에 더위를 이기고 보신하기 위해 마시던 청량음료의 일종이다. 오매(烏梅), 축사(縮砂), 백단(白檀), 사향(麝香) 등의 한약재를 곱게 갈아 꿀을 넣고 중탕으로 다려서 응고 상태로 두었다가 끓여 식힌 물에 타서 시원하게 마시는 청량제이다.
③ 앵두편, 앵두화채 등

(9) 유월 보름 (유두: 동류두목욕(東流頭沐浴))
유두날에는 맑은 개울물에 나가 목욕하고 머리를 감으면 좋지 못한 것을 쫓고 여름에 더위를 먹지 않는다고 했다.

음식 : 보리수단, 떡 수단, 유두면(流頭麵), 건단
① 수단(水團), 건단(乾團)
먼저 멥쌀가루를 쪄서 가래떡처럼 만든 다음 이것을 구슬같이 둥글게 빚어 쌀가루를 씌워 삶아 찬물에 헹구어서 건져낸 다음 오미자 국에 띄워 내는 것이 수단이고, 건단은 물에 넣지 않은 것이다.
② 보리수단
햇보리를 골라서 박박 문질러 여러 번 깨끗이 씻어 물에 푹 삶아서 찬물에 헹구어 건진 삶은 보리쌀 한알 한알에 녹말가루를 묻혀서 데치기를 3-4회 반복하여 보리알이 말갛고 큼직하게 된 것을 오미자 물에 꿀을 타서 띄운 음료이다.
③ 유두면(流頭麵)
햇 밀가루를 반죽하여 구슬같이 둥글게 모양을 빚어 잘게 만든 것이다.

거기에 오색의 물감을 들여 세 개를 이어 색실로 끼워서 차고 다니거나 문설주에 걸어서 액을 막기도 했다. 그러나 언제부터인지는 알 수 없으나 이 풍습이 밀국수로 바뀌었다. 그래서 유두날에 국수를 먹으면 장수한다는 말이 전해 내려오고 있다.

(10) 칠월 칠석(七夕): 주악, 밀설기, 증편, 밀전병, 밀국수

(11) 칠월 보름 (백중, 백종, 중원, 망혼일):
① **밀전병 :** 가지, 고추 등 햇것을 천신하고 나물을 두쳐서 햇곡식의 맛을 보며 경기지방은 밀전병을 부친다. 찬바람이 일기 시작하면 밀가루 음식을 즐기지 않으므로 이 때가 마지막인 셈이다. 칠석 이후에는 밀가루 음식은 철지난 것으로 밀 냄새가 난다고도 한다. 밀가루 반죽을 묽게 한 것은 부추나 파 등을 썰어 넣어 넓게 부쳐서 먹는다.
② 다시마튀각, 각종부각, 묵, 과일류와 오이등 사찰음식, 갖가지 과일류와 오이, 산채나물

(12) 삼복 (三伏) : 그 해의 가장 더울 때(삼계탕, 육개장)

(13) 팔월 보름 (추석(秋夕), 가배일(嘉俳日), 중주철(中秋節), 가위, 한가위)
① **오려송편 :** 솔잎을 켜마다 깔고 찌기 때문에 떡에서 솔잎 향기가 나 입맛을 돋군다. 또한 솔잎자국이 자연스럽게 얽혀 무늬가 지는 것이 떡의 맛이기도 하다.
쌀가루를 익반죽 할 때 쑥이나 모시잎, 송기(소나무 속껍질을 손질한 것)을 넣어 쑥 송편이나 모시잎 송편, 송기송편을 만들기도 한다.
햅쌀로 만든 송편을 오려송편 이라하며 멥쌀가루를 익반죽하여 햇녹두, 거피팥, 참깨가루 등을 소재로 하여 반달모양으로 빚어 찐 떡이다.
② 토란탕, 밤단자, 닭찜, 화양적, 송이산적 등

(14) 구월 구일 (중구절(重九節), 중구, 중양(重陽), 중광(重光))
국화전, 국화주, 유자화채

(15) 시월 상달 (上月)
한 해 농사를 추수하고 햇곡식으로 제상을 차려 감사드린다. (시루떡, 고사떡)

(16) 11월 (동지(冬至)) : 밤이 가장 긴 날(새알을 넣은 팥죽)
아세(亞歲)라 했고 민간에서는 작은 설이라고 하였다.
① **팥죽 :** 붉은 팥을 푹 고아 거르고 찹쌀가루를 반죽하여 새알 모양의 단자를 만들어 같이 넣어 푹 끓인다.(새알심)
② **전약 :** 쇠머리와 가죽, 대추고, 쇠족, 계피, 후추, 꿀을 넣어 고아 굳힌 겨울철 보양

> 음식이다.
> ③ 냉면, 수정과, 동치미, 장김치, 골동면

(17) 12월 (섣달그믐(除夕), 세제(洗除), 작은 설, 납월(臘月))
마지막 날로 새해 준비와 지난해의 끝맺음(골동반). 섣달 그믐날 저녁에는 남은 음식을 해를 넘기지 않는다는 뜻으로 비빔밥을 만들어 먹었다.

3 떡 제조 공정

1 떡의 종류

1) 찌는 떡(증병, 甑餅)
우리나라 떡 중 가장 기본이 되는 떡으로 증병(甑餅)이라 한다.

(1) 설기떡
멥쌀가루에 여러가지 부재료를 섞고 물을 내린 후 시루에 안쳐 수증기로 익힌 떡이다.

(2) 켜떡
쌀가루와 고물을 시루에 켜켜이 안쳐서 찌는 떡으로, 멥쌀가루로 만들때는 물을 넣어 안치고, 찹쌀가루로 만들 때는 찜통에서 올라오는 수증기의 수분만으로도 가능하므로 물을 섞지 않아도 된다. 고물은 팥, 녹두, 깨, 콩 등을 쓰고, 밤, 대추, 석이버섯, 잣 등을 고명으로 얹어 찐다.

(3) 증편
멥쌀가루에 막걸리를 조금 탄 뜨거운 물로 묽게 반죽하여, 더운 온도에서 발효시켜 대추, 밤, 잣, 석이, 건포도, 흑임자 등의 고명을 얹고 틀에 넣어 찐 것으로, 막걸리를 넣었기 때문에 쉽게 상하지 않으므로 여름에 많이 먹는다.

(4) 송편
멥쌀가루를 반죽하여 콩, 깨, 밤, 설탕, 콩가루 등의 소를 넣고 빚은 다음, 시루에 솔잎을 깔고 찐다. 모양은 다양하며, 추석 때 주로 만들어 먹는다.

2) 치는 떡(도병, 搗餅)
도병(刀柄)이라 하여 시루나 찜통에 쪄낸 찹쌀이나 떡을 절구에 쳐서 끈기가 나게 한 떡으로, 아밀로펙틴이 많아 멥쌀보다는 찰지고 노화가 빨리 되지 않는다.(인절미, 흰떡, 절편, 개피떡, 여주산병, 꽃산병)

(1) 인절미
찹쌀가루나 찹쌀을 시루에 안쳐서 쪄낸 후, 식기 전에 뭉쳐질 때까지 친 후, 고물을 묻혀 만든다.

(2) 단자
찹쌀가루를 쪄서 보에 싸서 방망이로 치댄 다음, 모양을 만들고 꿀과 잣가루 등으로 고물을 묻힌 떡으로 고물의 종류나 찹쌀에 섞는 재료에 따라 다양하게 이름을 붙인다.

(3) 치댄 절편
떡살로 눌러 둥글거나 모나게 만든 떡이다.

3) 지지는 떡(油煎餠)

(1) 화전
찹쌀가루를 익반죽을 하여 동글납작하게 빚어서 번철에 기름을 두르고 지진 떡으로, 계절에 따라 다양한 꽃(진달래꽃, 장미꽃, 감국(황국화)등의 꽃이나 국화잎)을 얹어서 계절의 정취를 즐길 수 있다.

(2) 부꾸미
찹쌀가루나 차수수 가루를 익반죽하여 납작하게 빚어서 번철에 기름을 두르고 지져서, 소(팥앙금)를 넣고 반을 접어 붙여 대추꽃과 비늘잣으로 모양을 낸다.

(3) 주악
찹쌀가루를 익반죽하여 대추나 깨를 소로 넣어 작은 송편처럼 빚어서, 기름에 튀기거나 지진 떡으로 웃기떡으로 쓴다.

4) 빚는떡(瓊團)

(1) 경단
찹쌀가루나 수수가루를 끓는 물로 익반죽하여 동그랗게 빚어서 끓는 물에 삶아 내어 고물을 묻히는 떡이다.

(2) 수수경단
어린아이의 백일, 돌, 생일 때에 액운을 쫓는다는 풍습에 의해 만들었는데, 수수가루를 익반죽하여 동그랗게 빚어 끓는 물에 삶아, 붉은 팥고물을 묻혀 낸다.

2 떡의 제조원리

1) 쌀 씻기
① 쌀을 맑은 물에 여러 번 씻어서 불순물을 제거한다.
② 쌀을 여러 번 깨끗이 씻지 않으면 떡에 먼지가 그대로 남아 있어 비위생적이며, 색깔도 선명하지 않고 탁하다.

이론

2) 쌀 불리기
① 쌀은 2시간 동안 불리면 수분을 충분히 머금지만, 8시간 정도 불리면 조직이 느슨해져 떡 맛이 더 좋아진다.
② 수온이 낮은 겨울에는 수온이 높은 여름보다 쌀을 오랜 시간 동안 불려야 한다.

3) 분쇄하기
① 물기를 제거한 불린 쌀은 소금을 1~1.5%를 넣는 것이 적당하다.
② 쌀가루는 만들기 전에 소금을 넣었는지 맛을 보아야 하며, 멥쌀은 입자가 고와야 떡이 맛있다.
③ 찹쌀은 너무 곱게 빻으면 잘 쪄지지 않는다.

4) 물주기
쌀가루에 물을 섞는 것인데, 쌀의 종류와 상태, 떡의 종류에 따라 물의 양이 다르다.
① **방아기계로 빻은 멥쌀가루** : 약 20%의 물을 넣어 준다.
② **절편류 멥쌀가루** : 약 25~30%의 물을 넣어 준다.
③ **찹쌀떡** : 물을 넣지 않는다.

5) 반죽하기
① **송편**
멥쌀가루에 끓는 물을 넣고 익반죽하면 모양내기가 쉽고, 여러 번 치댈수록 떡이 맛있고 식감이 좋다.
② **찹쌀가루 반죽**
쪄지면서 수분을 많이 흡수하므로 같은 양의 멥쌀에 비해 물을 적게 넣어야 한다.

6) 부재료 첨가하기
가루내기나 반죽하기, 안치기, 치기, 마무리 등 여러 단계에서 부재료를 첨가할 수 있다.
① **쑥이나 수리취**
섬유소가 많은 재료를 쌀에 섞어 떡을 만들 때는 쑥을 많이 넣을수록 수분 함유량이 높아져 노화 속도가 천천히 이루어진다.(떡을 쫄깃쫄깃하게 해준다.)
② **콩**
떡을 부드럽게 해주고, 수수가루는 떡 조직을 단단하게 한다.

7) 찌기
① 쌀가루나 빚은 떡을 찌거나 지지면 전분이 호화하여 먹기 좋은 상태로 바뀐다.

② 떡을 안치기 전에 미리 물을 끓이기 시작하면 시간을 절약할 수 있고, 떡이 고르게 잘 익는다.
③ 떡을 찌면 소화성이 좋아지며, 단맛이 증가하고 재료 본연의 맛이 난다.

8) 치기
① 인절미나 절편 등의 치는 떡.
② 많이 칠수록 점성이 증가하여 떡이 맛있고 쫄깃하며, 노화도 천천히 이루어진다.

4 도구 · 장비의 종류 및 용도

1) 준비 도구

① **이남박**
쌀 등의 곡물을 씻을 때 사용하는 도구로, 그릇 안에 턱이 있어서 곡물을 으깨어 씻기에 편리하고, 돌도 잘 일어진다.

② **체반**
기름에 지진 화전이나 빈대떡을 식히고, 기름이 빠지게 할 때 사용하는 용기이다.

③ **체**
절구나 맷돌에서 낸 가루를 일정한 굵기로 치거나 거르는 도구이다.

④ **쳇다리**
체를 올려놓는 기구로, 곡물 등을 내릴 때 그릇 위에 올려 놓을 수 있으며, 삼각형 또는 사다리꼴 모양으로 만들어 둔 받침대이다.

2) 익히는 도구

① **시루**
떡을 찔 때 사용하는 그릇으로, 바닥에 구멍이 여러 개가 뚫려 있어 증기가 구멍 속으로 들어와 시루 안의 곡식이나 떡을 익힌다. 시루를 솥 위에 올릴 때 김이 새지 않도록 시루와 솥 사이에 시룻번을 붙인다.
옹시루는 시루 중에서 특히 작은 시루를 말한다.

② **찜통**
근래에 시루 대용으로 사용되기 시작했으며, 찜통에 한지나 젖은 베보자기를 깔고 떡가루와 고물을 넣고 양철통 위에 올려 찐다.

> 이론

③ 번철
화전이나 주악 등 기름에 지지는 떡을 만들 때 사용되는 철판이다.

④ 떡보(떡을 싸는 보자기)
흰떡이나 인절미 등을 안반에 놓고 칠 때 흩어지는 것을 막기 위해 찐 떡을 싸는 보자기이다.

3) 모양내는 도구(성형)

① 안반, 떡메
흰떡이나 인절미를 칠 때 사용되는 도구이다. 안반은 두껍고 통나무 판에 낮은 다리가 붙어 있으며, 떡메는 안반 위에 떡을 내려치는 도구이다.

② 떡살
떡본, 떡손이라고 하며, 떡에 눌러 그 문양이 떡에 찍히게 된다.
떡살은 참나무, 감나무, 박달나무 등으로 만든다.
떡살의 문양은 길상무늬, 국수무늬, 태극무늬, 빗살무늬 등 그 종류가 다양하고, 다식에 문양을 내는 다식판도 일종의 떡살과 비슷한 도구이다.

③ 밀판
가루반죽을 밀어서 넓게 펴는 데 필요한 도구로, 나무로 만들어진 판 형태이다.

④ 밀방망이
개피떡 등을 만들 때 반죽을 밀어서 넓게 펴는데 사용하는 도구이다.

4) 전통적 도구

① 키
찧어낸 곡식을 까불어 불순물을 걸러내거나 겨나 티끌을 걸러내는 도구이다.

② 방아
곡식을 가루를 낼 때 빻는 기구로, 물레방아, 연자방아, 디딜 방아 등이 있다.

③ 절구
곡식을 찧거나 빻으며 떡가루를 만들거나 떡을 칠 때 사용하는 도구로, 통나무나 돌을 움푹하게 파서 곡식을 담을 수 있게 만든다.

④ 돌확(확돌)
돌을 우묵하게 판 절구 모양으로 곡물이나 양념 등을 찧거나 분쇄하는 데 사용하는 도구이다.

⑤ 맷돌(맷방석)
돌확보다 발달한 형태로, 곡물을 가는 데 사용하는 도구이며, 맷방석은 맷돌 밑에 깔아 가루를 받을 때 사용한다.

제1부.
떡 제조기능사 실기 품목

1. 콩설기떡, 부꾸미 … 26
2. 송편, 쇠머리떡 … 32
3. 무지개떡(삼색), 경단 … 38
4. 백편, 인절미 … 44

수험자 유의사항 (실기)

1) 항목별 배점은 [정리정돈 및 개인위생 14점], [각 과제별 43점씩×2가지 = 총 86점]이며, 요구사항 외의 제조 방법 및 채점 기준은 비공개입니다.
2) 시험시간은 재료 전처리 및 계량시간, 정리정돈 등 모든 작업과정이 포함된 시간입니다(시험 시간 종료 시까지 작업대 정리를 완료).
3) 수험자 인적사항은 검은색 필기구만 사용하여야 합니다. 그 외 연필류, 유색 필기구, 지워지는 펜 등은 사용이 금지됩니다.
4) 시험 전과정 위생수칙을 준수하고 안전사고 예방에 유의합니다.

> - 시작 전 간단한 가벼운 몸 풀기(스트레칭) 운동을 실시한 후 시험을 시작하십시오.
> - 위생복장의 상태 및 개인위생(장신구, 두발·손톱의 청결 상태, 손씻기 등)의 불량 및 정리 정돈 미흡 시 실격 또는 위생항목 감점처리 됩니다.

5) 작품 채점(외부평가, 내부평가 등)은 작품 제출 후 채점됨을 참고합니다.
6) 수험자는 제조 과정 중 맛을 보지 않습니다(맛을 보는 경우 위생 부분 감점).
7) 요구사항의 수량을 준수합니다(요구사항 무게 전량/과제별 최소 제출 수량 준수).
   - 「지급재료목록 수량」은 「요구사항 정량」에 여유양이 더해진 양입니다.
   - 수험자는 시험 시작 후 저울을 사용하여 요구사항대로 정량을 계량합니다(계량하지 않고 지급재료 전체를 사용하여 크기 및 수량이 초과될 경우는 "재료 준비 및 계량항목"과 "제품평가" 0점 처리).
   - 계량은 하였으나, 제출용 떡 제품에 사용해야 할 떡반죽(쌀가루 포함)이나 부재료를 사용하지 않고 지나치게 많이 남기는 경우, 요구사항의 수량에 미달될 경우는 "제품평가" 0점 처리
   - 단, 찜기의 용량을 초과하여 반죽을 남기는 경우는 제외하며, 용량 초과로 떡반죽(쌀가루 포함) 및 부재료를 남기는 경우는 찜기에 반죽을 넣은 후 손을 들어 남은 떡반죽과 재료에 대해서 감독위원에게 확인을 받아야 함
8) 타이머를 포함한 시계 지참은 가능하나, 아래 사항을 주의합니다.
   - 다른 수험생에게 피해가 가지 않도록 알람 소리, 진동 사용을 제한
   - 손목시계를 착용하는 것은 이물 및 교차오염 방지를 위해 착용을 제한(착용 시 감점)
9) "몰드, 틀" 등과 같은 기능 평가에 영향을 미치는 도구는 사용을 금합니다(사용 시 감점).
   - 쟁반, 그릇 등을 변칙적으로 몰드 용도로 사용하는 경우는 감점
10) 찜기를 포함한 지참준비물이 부적합할 경우는 수험자의 귀책사유이며, 찜기가 지나치게 커서 시험장 가스레인지 사용이 불가할 경우는 가스 안전상 사용에 제한이 있을 수 있습니다.
11) 의문 사항은 손을 들어 문의하고 그 지시에 따릅니다.
12) 다음 사항은 실격에 해당하여 채점 대상에서 제외됩니다.
    가) 수험자 본인이 수험 도중 시험에 대한 포기 의사를 표현하는 경우
    나) 위생복 상의, 위생복 하의(또는 앞치마), 위생모, 마스크 중 1개라도 착용하지 않은 경우
    다) 시험시간 내에 2가지 작품 모두를 제출대(지정장소)에 제출하지 못한 경우
    라) 모양, 제조방법(찌기를 삶기로 하는 등)을 준수하지 않았을 경우
    마) 상품성이 없을 정도로 타거나 익지 않은 경우(제품 가운데 부분의 쌀가루가 익지 않아 생쌀가루 맛이 나는 경우, 익지 않아 형태가 부서지는 경우)
      ※ 찜기 가장자리에 묻어나오는 쌀가루 상태는 채점대상이 아니며, 콩의 익은 정도는 감점 대상(실격 대상 아님)
    바) 지급된 재료 이외의 재료를 사용한 경우(재료 혼용과 같이 해당 과제 외 다른 과제에 필요한 재료를 사용한 경우도 포함)
      ※ 기름류는 실격처리가 아닌 감점 처리이므로 지급재료목록을 확인하여 기름류 사용에 유의(단, 떡 반죽 재료 또는 떡 기름칠 용도로 직접적으로 사용하지 않고 손에 반죽 묻힘 방지용으로는 사용 가능)
    사) 시험 중 시설·장비의 조작 또는 재료의 취급이 미숙하여 위해를 일으킬 것으로 감독위원 전원이 합의하여 판단한 경우

위생 세부 기준

순번	구분	세부 기준	채점기준
1	위생복 상의	• 전체 흰색, 기관 및 성명 등의 표식이 없을 것 • 팔꿈치가 덮이는 길이 이상의 7부·9부·긴소매(수험자 필요에 따라 흰색 팔토시 가능) • 상의 여밈은 위생복에 부착된 것이어야 하며 벨크로(일명 찍찍이), 단추 등의 크기, 색상, 모양, 재질은 제한하지 않음(단, 금속성 부착물·뱃지, 핀 등은 금지) • 팔꿈치 길이보다 짧은 소매는 작업 안전상 금지 • 부직포, 비닐 등 화재에 취약한 재질 금지	• 미착용, 평상복(흰티 셔츠 등), 패션모자(흰털모자, 비니, 야구모자 등) → 실격 • 기준 부적합 → 위생 0점 – 식품가공용이 아닌 경우 (화재에 취약한 재질 및 실험복 형태의 영양사·실험용 가운은 위생 0점) – (일부)유색/표식이 가려지지 않은 경우 – 반바지·치마 등 – 위생모가 뚫려있어 머리카락이 보이거나, 수건 등으로 감싸 바느질 마감처리가 되어있지 않고 풀어지기 쉬워 일반 식품가공 작업용으로 부적합한 경우 등 – 위생복의 개인 표식(이름, 소속)은 테이프로 가릴 것 – 조리 도구에 이물질(예, 테이프) 부착 금지
2	위생복 하의 (앞치마)	•「흰색 긴바지 위생복」 또는 「(색상 무관) 평상복 긴바지 + 흰색 앞치마」 – 흰색앞치마 착용 시, 앞치마 길이는 무릎 아래까지 덮이는 길이일 것 – 평상복 긴바지의 색상·재질은 제한이 없으나, 부직포·비닐 등 화재에 취약한 재질이 아닐 것 – 반바지·치마·폭넓은 바지' 등 안전과 작업에 방해가 되는 복장은 금지	
3	위생모	• 전체 흰색, 기관 및 성명 등의 표식이 없을 것 • 빈틈이 없고, 일반 식품가공 시 통용되는 위생모(크기 및 길이, 재질은 제한 없음) – 흰색 머릿수건(손수건)은 머리카락 및 이물에 의한 오염 방지를 위해 착용 금지	
4	마스크	• 침액 오염 방지용으로, 종류는 제한하지 않음 (단, 감염병 예방법에 따라 마스크 착용 의무화 기간에는 '투명 위생 플라스틱 입가리개'는 마스크 착용으로 인정하지 않음)	• 미착용 → 실격
5	위생화 (작업화)	• 색상 무관, 기관 및 성명 등의 표식 없을 것 • 조리화, 위생화, 작업화, 운동화 등 가능 (단, 발가락, 발등, 발뒤꿈치가 모두 덮일 것) • 미끄러짐 및 화상의 위험이 있는 슬리퍼류, 작업에 방해가 되는 굽이 높은 구두, 속 굽 있는 운동화 금지	• 기준 부적합 → 위생 0점
6	장신구	• 일체의 개인용 장신구 착용 금지 (단, 위생모 고정을 위한 머리핀은 허용) • 손목시계, 반지, 귀걸이, 목걸이, 팔찌 등 이물, 교차 오염 등의 식품위생 위해 장신구는 착용하지 않을 것	• 기준 부적합 → 위생 0점
7	두발	• 단정하고 청결할 것, 머리카락이 길 경우 흘러내리지 않도록 머리망을 착용하거나 묶을 것	• 기준 부적합 → 위생 0점
8	손 / 손톱	• 손에 상처가 없어야하나, 상처가 있을 경우 보이지 않도록 할 것(시험위원 확인 하에 추가 조치 가능) • 손톱은 길지 않고 청결하며 매니큐어, 인조손톱 등을 부착하지 않을 것	• 기준 부적합 → 위생 0점
9	위생관리	• 재료, 조리기구 등 조리에 사용되는 모든 것은 위생적으로 처리하여야 하며, 식품가공용으로 적합한 것일 것	• 기준 부적합 → 위생 0점
10	안전사고 발생 처리	• 칼 사용(손 빔) 등으로 안전사고 발생 시 응급조치를 하여야 하며, 응급조치에도 지혈이 되지 않을 경우 시험 진행 불가	–

※ 일반적인 개인위생, 식품위생, 작업장 위생, 안전관리를 준수하지 않을 경우 감점 처리 될 수 있습니다.

⟨떡 제조 장비⟩

일반편절구

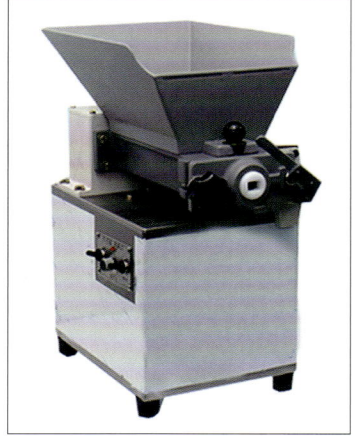
쌀절단기

분쇄기

보일러

성형기

펀칭기

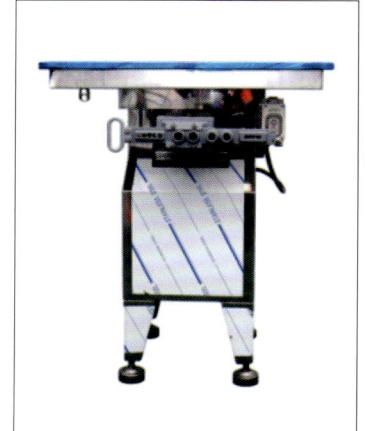
제병기

교반기

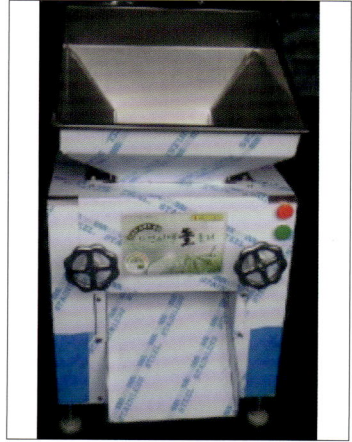
방아기계

〈떡 제조 소도구〉

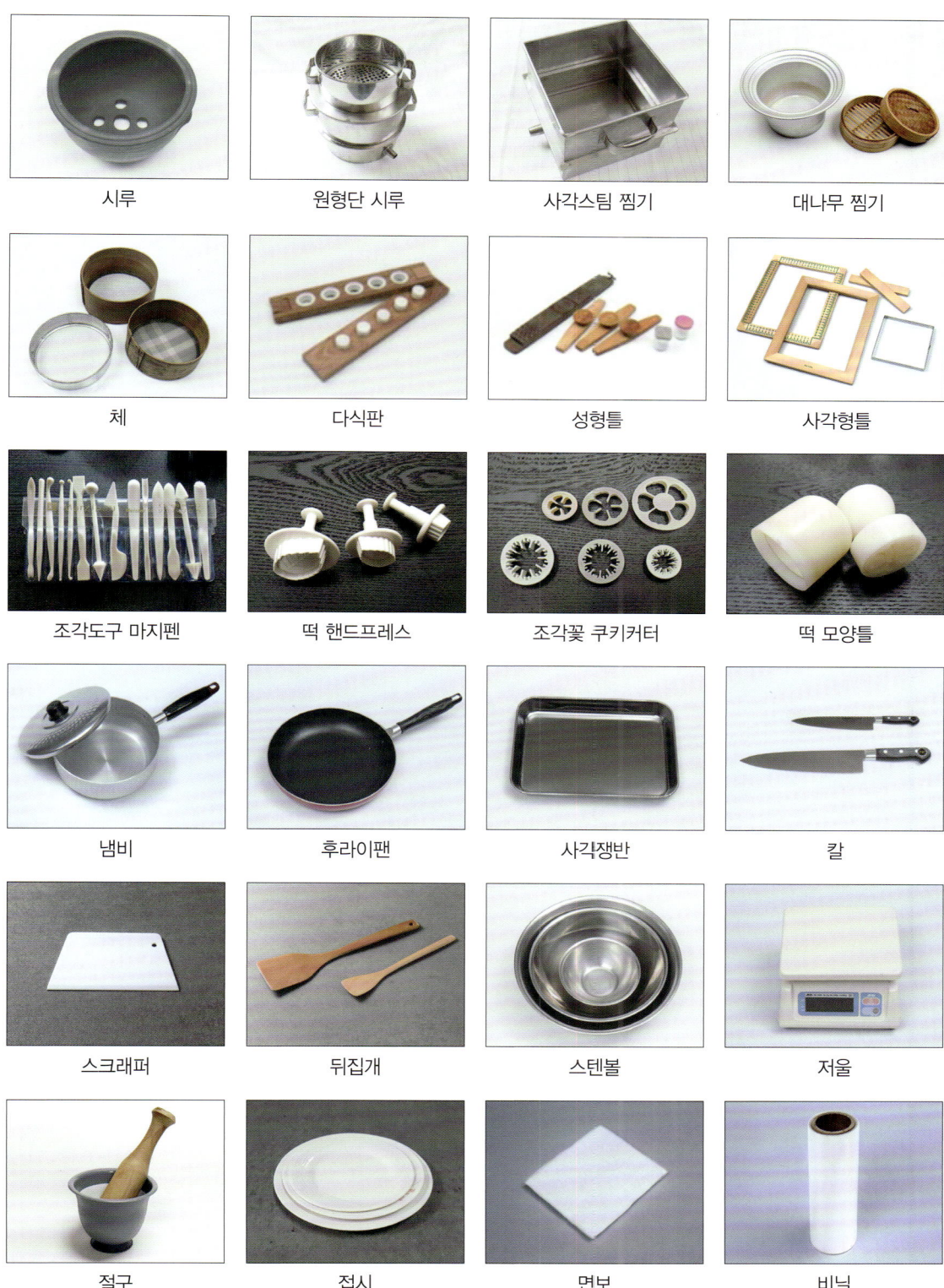

떡제조기능사 시험품목
1. 콩설기떡

재료

- 멥쌀가루 ·············· 700g
- 설탕 ·············· 70g
- 소금 ·············· 7g
- 물 ·············· 적정량
- 불린 서리태 ·············· 160g

요구사항

※ 지급된 재료 및 시설을 사용하여 아래 작품을 만들어 제출하시오.

◆ **콩설기떡을 만들어 제출하시오.**

1) 떡 제조 시 물의 양은 적정량으로 혼합하여 제조하시오(단, 쌀가루는 물에 불려 소금간 하지 않고 2회 빻은 쌀가루이다.).
2) 불린 서리태를 삶거나 쪄서 사용하시오.
3) 서리태의 1/2 정도는 바닥에 골고루 펴 넣으시오.
4) 서리태의 나머지 1/2 정도는 멥쌀가루와 골고루 혼합하여 찜기에 안치시오.
5) 찜기에 안친 쌀가루반죽을 물솥에 얹어 찌시오.
6) 서리태를 바닥에 골고루 펴 넣은 면이 위로 오도록 그릇에 담고, 썰지 않은 상태로 전량 제출하시오.

지급재료 목록

재료명	규격	단위	수량	비고
멥쌀가루	멥쌀을 5시간 정도 불려 빻은 것	g	770	1인용
설탕	정백당	g	100	1인용
소금	정제염	g	10	1인용
서리태	하룻밤 불린 서리태 (겨울 10시간, 여름 6시간 이상)	g	170	1인용 (건서리태 80g 정도 기준)

만드는 법

1 서리태를 씻어 찬물에 넣고 삶는다.

2 쌀가루에 물과 소금을 넣어 골고루 비벼 섞어 수분을 준다.

3 살짝 쥐어 흔들어보아 깨지지 않는지 확인한 후 체에 내린다.

4 찜기에 삶은 서리태 1/2 정도를 보기 좋게 깔아준다.

5 쌀가루에 설탕과 남은 서리태를 넣고 가볍게 섞는다.

6 서리태 섞은 쌀가루를 찜기에 안친다.

7 담아놓은 쌀가루를 골고루 펼쳐준다.

8 찜통에 찜기를 올려 20분간 찐 후 5분간 뜸들인다.

9 서리태를 바닥에 골고루 펴 놓은 면이 위로 오도록 그릇에 담아 제출한다.

떡제조기능사 시험품목
1. 부꾸미

재료

- 찹쌀가루 200g
- 백설탕 30g
- 소금 2g
- 물 .... 적정량
- 팥앙금 100g
- 대추 3개
- 쑥갓 20g
- 식용유 20ml

요구사항

※ 지급된 재료 및 시설을 사용하여 아래 작품을 만들어 제출하시오.

◆ **부꾸미를 만들어 제출하시오.**

1) 떡 제조 시 물의 양을 적정량으로 혼합하여 반죽을 하시오(단, 쌀가루는 물에 불려 소금간 하지 않고 1회 빻은 찹쌀가루이다.).
2) 찹쌀가루는 익반죽하시오.
3) 떡반죽은 직경 6cm로 지져 팥앙금을 소로 넣어 반으로 접으시오(⌒).
4) 대추와 쑥갓을 고명으로 사용하고 설탕을 뿌린 접시에 부꾸미를 담으시오.
5) 부꾸미는 12개 이상으로 제조하여 전량 제출하시오.

지급재료 목록

재료명	규격	단위	수량	비고
찹쌀가루	찹쌀을 5시간 정도 불려 빻은 것	g	220	1인용
설탕	정백당	g	40	1인용
소금	정제염	g	10	1인용
팥앙금	고운 적팥앙금	g	110	1인용
대추	(중)마른 것	개	3	1인용
쑥갓		g	20	1인용
식용유		mL	20	1인용
세척제	500g	개	1	30인공용

만드는 법

1 찹쌀가루에 소금과 뜨거운 물을 넣어 너무 질지 않게 익반죽한다.

2 쑥갓은 물에 담가 놓는다.

3 대추는 돌려깎아 돌돌 말아 0.2cm 두께로 썰어 대추꽃을 만들고 쑥갓은 짧게 잎을 떼어 놓는다.

4 팥앙금은 8g 정도로 떼어 둥근 막대형으로 소를 만든다.

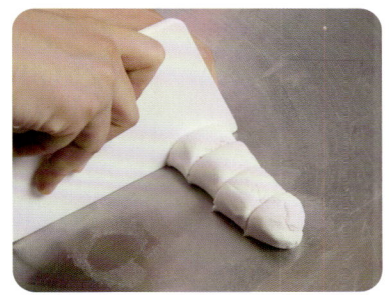

5 찹쌀 반죽을 3cm 정도의 두께로 길게 밀어 일정한 크기로 자른다.

6 직경 5.5cm 정도 크기로(익히면 커지므로) 동그랗고 납작하게 만들어 놓는다.

7 팬에 식용유를 두르고 반죽을 올려 지진다.

8 한쪽 면이 익으면 뒤집어서 소를 넣고 익은 반죽을 반으로 잘 접는다. 마무리로 양쪽을 잘 익혀 내고 대추와 쑥갓으로 장식한다.

9 접시에 설탕을 뿌리고 지진 부꾸미를 올려 설탕을 묻혀 제출한다.

떡제조기능사 시험품목
2. 송편

재료

- 멥쌀가루 ··················· 200g
- 소금 ························· 2g
- 물 ···························· 적정량
- 불린 서리태 ·············· 70g
- 참기름 ······················ 적정량

요구사항

※ 지급된 재료 및 시설을 사용하여 아래 작품을 만들어 제출하시오.

◆ **송편을 만들어 제출하시오.**

1) 떡 제조 시 물의 양은 적정량으로 혼합하여 제조하시오(단, 쌀가루는 물에 불려 소금간 하지 않고 2회 빻은 쌀가루이다.).
2) 불린 서리태는 삶아서 송편소로 사용하시오.
3) 떡반죽과 송편소는 4 : 1 ~ 3 : 1 정도의 비율로 제조하시오(송편소가 ¼ ~ ⅓ 정도 포함되어야 함).
4) 쌀가루는 익반죽하시오.
5) 송편은 완성된 상태가 길이 5cm, 높이 3cm 정도의 반달모양(⌒)이 되도록 오므려 집어 송편 모양을 만들고, 12개 이상으로 제조하여 전량 제출하시오.
6) 송편을 찜기에 쪄서 참기름을 발라 제출하시오.

지급재료 목록

재료명	규격	단위	수량	비고
멥쌀가루	멥쌀을 5시간 정도 불려 빻은 것	g	220	1인용
소금	정제염	g	5	1인용
서리태	하룻밤 불린 서리태 (겨울 10시간, 여름 6시간 이상)	g	80	1인용 (건서리태 40g 정도 기준)
참기름		mL	15	

만드는 법

1 서리태를 씻어 찬물에 넣고 삶는다.

2 쌀가루에 뜨거운 물과 소금을 넣어 익반죽한다.

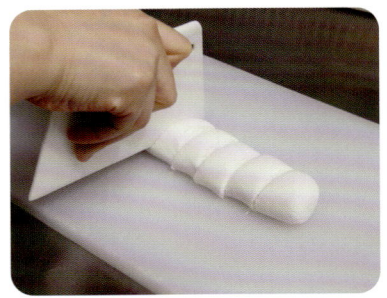

3 반죽을 밀어 3cm 정도의 두께로 일정하게 만든 후 일정한 크기로 분할한다.

4 잘라놓은 반죽을 동글 동글 하게 빚어 놓는다.

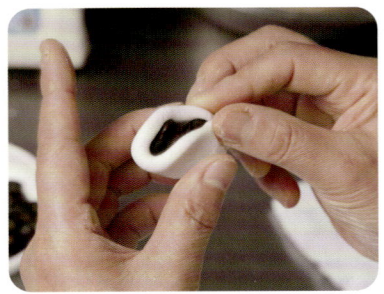

5 반죽에 가운데를 파서 삶은 서리태를 넣어 길이 5cm, 높이 3cm의 반달 모양으로 성형한다.

6 찜기에 넣어 찜통에 올려 20분간 찐 후 5분간 뜸들인다.

7 찐 송편을 찬물에 담가 식힌다.

8 체에 밭쳐 물기를 제거한 후 참기름을 바른다.

9 접시에 가지런히 담아 제출한다.

떡제조기능사 시험품목
2. 쇠머리떡

재료

- 찹쌀가루 …………………… 500g
- 설탕 …………………… 50g
- 소금 …………………… 5g
- 물 …………………… 적정량
- 불린 서리태 …………… 100g
- 대추 …………………… 5개
- 깐밤 …………………… 5개
- 마른 호박고지 ………… 20g
- 식용유 …………………… 적정량

요구사항

※ 지급된 재료 및 시설을 사용하여 아래 작품을 만들어 제출하시오.

◆ 쇠머리떡을 만들어 제출하시오.

1) 떡 제조 시 물의 양은 적정량을 혼합하여 제조하시오(단, 쌀가루는 물에 불려 소금간 하지 않고 1회 빻은 찹쌀가루이다.).
2) 불린 서리태는 삶거나 쪄서 사용하고, 호박고지는 물에 불려서 사용하시오.
3) 밤, 대추, 호박고지는 적당한 크기로 잘라서 사용하시오.
4) 부재료를 쌀가루와 잘 섞어 혼합한 후 찜기에 안치시오.
5) 떡반죽을 넣은 찜기를 물솥에 얹어 찌시오.
6) 완성된 쇠머리떡은 15×15 cm 정도의 사각형 모양으로 만들어 자르지 말고 전량 제출하시오.
7) 찌는 찰떡류로 제조하며, 지나치게 물을 많이 넣어 치지 않도록 주의하여 제조하시오.

지급재료 목록

재료명	규격	단위	수량	비고
찹쌀가루	찹쌀을 5시간 정도 불려 빻은 것	g	550	1인용
설탕	정백당	g	60	1인용
서리태	하룻밤 불린 서리태 (겨울 10시간, 여름 6시간 이상)	g	110	1인용 (건서리태 60g 정도 기준)
대추		개	5	1인용
밤	겉껍질, 속껍질 제거한 밤	개	5	1인용
마른 호박고지	늙은 호박(또는 단호박)을 썰어서 말린 것	g	25	1인용
소금	정제염	g	7	1인용
식용유		mL	15	1인용
세척제	500g	개	1	30인 공용

만드는 법

1 서리태를 씻어 찬물에 넣고 삶는다.

2 호박고지를 물에 불려 3cm 정도로 자른다.

3 대추는 돌려깎기하여 5~6등분 하며, 밤도 5~6등분 한다.

4 찹쌀가루에 물과 소금을 넣어 골고루 섞어 수분을 준다.

5 찜통에 서리태, 호박고지, 대추, 밤 1/2을 깔아준다.

6 물을 준 찹쌀가루에 남은 서리태, 호박고지, 대추, 밤을 넣어 골고루 섞는다.

7 섞어 놓은 재료를 뭉쳐서 찜기에 안쳐 20~25분간 찐 후 5분간 뜸들인다.

8 떡을 15×15cm 정도의 크기로 성형한다(비닐, 스크래퍼 이용).

9 서리태 등 부재료를 바닥에 골고루 펴 넣은 면이 위로 오도록 그릇에 담아 제출한다.

떡제조기능사 시험품목
3. 무지개떡(삼색)

재료

- 멥쌀가루 ············· 750g
- 설탕 ················· 75g
- 소금 ················· 8g
- 물 ················· 적정량
- 치자 ················· 1개
- 쑥가루 ················ 3g
- 대추 ················· 3개
- 잣 ················· 2g

요구사항

※ 지급된 재료 및 시설을 사용하여 아래 작품을 만들어 제출하시오.

◆ **무지개떡(삼색)을 만들어 제출하시오.**

1) 떡 제조 시 물의 양은 적정량으로 혼합하여 제조하시오(단, 쌀가루는 물에 불려 소금간 하지 않고 2회 빻은 멥쌀가루이다.).
2) 삼색의 구분이 뚜렷하고 두께가 같도록 떡을 안치고 8등분으로 칼금을 넣으시오.
3) 대추와 잣을 흰쌀가루에 고명으로 올려 찌시오.
   (잣은 반으로 쪼개어 비늘잣으로 만들어 사용하시오.)
4) 고명이 위로 올라오게 담아 전량 제출하시오.

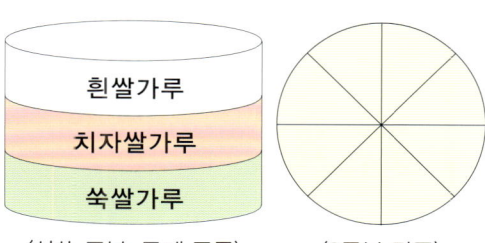

〈삼삭 구분, 두께 균등〉　〈8등분 칼금〉

지급재료 목록

재료명	규격	단위	수량	비고
멥쌀가루	멥쌀을 5시간 정도 불려 빻은 것	g	800	1인용
설탕	정백당	g	100	1인용
소금	정제염	g	10	1인용
치자	말린 것	개	1	1인용
쑥가루	말려 빻은 것	g	3	1인용
대추	(중)마른 것	개	3	1인용
잣	약 20개 정도 (속껍질 벗긴 통잣)	g	2	1인용

만드는 법

1 치자는 조각내어 물에 담근다.

2 대추는 돌려깎기하여 돌돌 말아서 썰어 대추꽃을 만들고 잣은 반으로 잘라 비늘잣을 만든다.

3 쌀가루는 3등분 하여 3가지 색을 내어 물과 소금을 넣어 골고루 비벼 수분을 준다.

4 3가지 각각의 쌀가루에 설탕을 넣어 섞어준다.

5 찜기에 색을 들인 쌀가루를 맨 아래 쑥쌀가루, 치자쌀가루, 흰쌀가루 순으로 삼색 구분이 뚜렷하고 두께가 일정하도록 수평으로 안친다.

6 윗면을 정리하고 쌀가루에 8등분 하여 칼금을 낸다.

7 대추꽃과 비늘잣으로 고명을 올려준다.

8 찜기를 찜통에 올려 20~25분 정도 찐 후 5분간 뜸들인다.

9 고명이 위로 올라오게 그릇에 담아 제출한다.

떡제조기능사 시험품목
3. 경단

❙ 재료

- 찹쌀가루 ····················· 200g
- 소금 ························· 2g
- 물 ························ 적정량
- 볶은 콩가루 ················· 50g

시험시간 2시간

요구사항

※ 지급된 재료 및 시설을 사용하여 아래 작품을 만들어 제출하시오.

◆ 경단을 만들어 제출하시오.

1) 떡 제조 시 물의 양을 적정량으로 혼합하여 반죽을 하시오(단, 쌀가루는 물에 불려 소금간 하지 않고 1회 빻은 쌀가루이다.).
2) 찹쌀가루는 익반죽하시오.
3) 반죽은 직경 2.5 ~ 3cm 정도의 일정한 크기로 20개 이상 만드시오.
4) 경단은 삶은 후 고물로 콩가루를 묻히시오.
5) 완성된 경단은 전량 제출하시오.

지급재료 목록

재료명	규격	단위	수량	비고
찹쌀가루	찹쌀을 5시간 정도 불려 빻은 것	g	220	1인용
소금	정제염	g	10	1인용
콩가루	볶은 콩가루	g	60	1인용 (방앗간 인절미용 구매)
세척제	500g	개	1	30인 공용

만드는 법

1 찹쌀가루에 뜨거운 물과 소금을 넣는다.

2 익반죽하여 한 덩어리로 뭉쳐 치댄다.

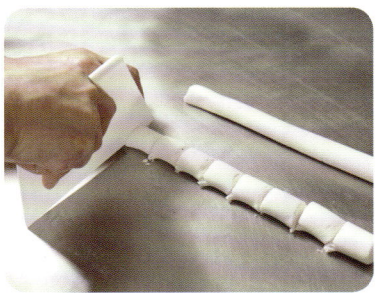

3 반죽을 직경 3cm 정도의 일정한 두께로 길게 밀어 놓고 일정한 크기로 자른다.

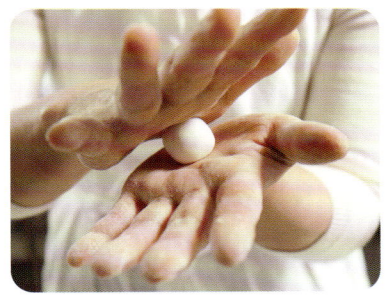

4 잘라놓은 반죽을 2.5~3cm 정도의 일정한 크기로 동그랗게 경단을 빚는다.

5 끓는 물에 소금, 빚은 경단을 넣어 동동 뜰 때까지 익힌다.

6 익힌 경단을 꺼내어 찬물에 담가 식힌다.

7 찬물에 헹구어낸 다음 체에 받쳐 물기를 제거한다.

8 스텐볼에 콩고물을 펼쳐 담고 경단을 넣어 굴려가며 고물을 고루 입힌다.

9 접시에 담아 마무리하여 제출한다.

떡제조기능사 시험품목
4. 백편

▍재료

- 멥쌀가루 ·················· 500g
- 설탕 ······················· 50g
- 소금 ······················· 5g
- 물 ························· 적정량
- 깐밤 ······················· 3개
- 대추 ······················· 5개
- 잣 ························· 2g

요구사항

※ 지급된 재료 및 시설을 사용하여 아래 작품을 만들어 제출하시오.

◆ 백편을 만들어 제출하시오.

1) 떡 제조 시 물의 양은 적정량으로 혼합하여 제조하시오(단, 쌀가루는 물에 불려 소금간 하지 않고 2회 빻은 멥쌀가루이다.).
2) 밤, 대추는 곱게 채썰어 사용하고 잣은 반으로 쪼개어 비늘잣으로 만들어 사용하시오.
3) 쌀가루를 찜기에 안치고 윗면에만 밤, 대추, 잣을 고물로 올려 찌시오.
4) 고물을 올린 면이 위로 오도록 그릇에 담고 썰지 않은 상태로 전량 제출하시오.

지급재료 목록

재료명	규격	단위	수량	비고
멥쌀가루	멥쌀을 5시간 정도 불려 빻은 것	g	550	1인용
설탕	정백당	g	60	1인용
소금	정제염	g	10	1인용
밤	겉껍질, 속껍질 벗긴 밤	개	3	1인용
대추	(중)마른 것	개	5	1인용
잣	약 20개 정도 (속껍질 벗긴 통잣)	g	2	1인용

만드는 법

1 쌀가루에 물과 소금을 넣어 골고루 비벼 섞어 수분을 준다.

2 체에 내려 살짝 쥐어 흔들어 보아 깨지지 않으면 다시 체에 내려준다.

3 수분을 준 쌀가루에 설탕을 넣어 섞어준다.

4 찜기에 쌀가루를 수평으로 안친다.

5 대추와 밤은 곱게 채 썬다.

6 잣은 반으로 잘라 비늘잣을 만든다.

7 수평으로 안친 쌀가루에 대추채, 밤채, 비늘잣을 올려준다.

8 찜기를 찜통에 올려 20분 정도 찐 후 5분간 뜸들인다.

9 고물을 올린 면이 위로 오도록 그릇에 담아 제출한다.

떡제조기능사 시험품목
4. 인절미

재료

- 찹쌀가루 ·················· 500g
- 설탕 ···················· 50g
- 소금 ···················· 5g
- 물 ····················· 적정량
- 볶은 콩가루 ············· 100g
- 식용유 ··················· 5g
- 소금물용 소금 ············ 5g

요구사항

※ 지급된 재료 및 시설을 사용하여 아래 작품을 만들어 제출하시오.

◆ **인절미를 만들어 제출하시오.**

1) 떡 제조 시 물의 양을 적정량으로 혼합하여 제조 하시오(단, 쌀가루는 물에 불려 소금간 하지 않고 1회 빻은 찹쌀가루이다.).
2) 익힌 찹쌀반죽은 스테인리스볼과 절구공이(밀대)를 이용 하여 소금물을 묻혀 치시오.
3) 친 인절미는 기름 바른 비닐에 넣어 두께 2cm 이상으로 성형하여 식히시오.
4) 4×2×2 cm 크기로 인절미를 24개 이상 제조하여 콩가루를 고물로 묻혀 전량 제출하시오.

지급재료 목록

재료명	규격	단위	수량	비고
찹쌀가루	찹쌀을 5시간 정도 불려 빻은 것	g	550	1인용
설탕	정백당	g	60	1인용
소금	정제염	g	10	
콩가루	볶은 콩가루	g	70	1인용 (방앗간 인절미용 구매)
식용유		mL	15	비닐에 바르는 용도
세척제	500g	개	1	30인공용

만드는 법

1 찹쌀가루에 물과 소금을 넣고 골고루 비벼 섞어 수분을 준다.

2 체에 내린 가루에 설탕을 넣어 고루 섞어준다.

3 찜기에 실리콘 또는 면보를 깔고 설탕을 골고루 뿌린다.

4 찜기에 찹쌀가루를 가볍게 주먹 쥐어 뭉쳐서 안친다.

5 찜통에 찜기를 올려 20분 정도 찐 후 5분간 뜸들인다.

6 볼에 물을 바른 후 찐떡을 넣고 소금물을 묻혀가며 꽈리가 일도록 친다.

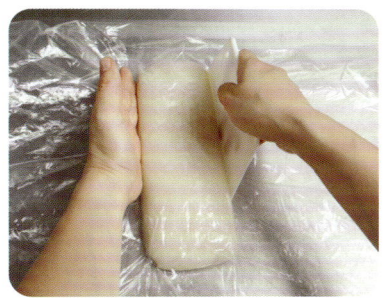

7 치댄 찰떡을 넣고 식혀가며 성형한다.

8 찰떡에 콩고물을 묻혀가며 4×2×2cm 크기로 자른다.

9 떡을 접시에 보기 좋게 담아 제출한다.

제2부.
떡 현장 품목

제1장 설기떡류 … 52

제2장 켜떡류 … 59

제3장 빚어찌는 떡류 … 65

제4장 약밥 … 70

제5장 인절미류 … 73

제6장 고물류 … 77

제7장 가래떡류 … 80

제8장 찌는 찰떡류 … 85

제9장 경단류 … 94

제10장 지지는 떡류 … 96

제11장 부풀려서 찌는 떡 … 100

제12장 단자류 … 102

제13장 개피떡류 … 104

제14장 떡케이크 … 107

Chapter 1. 설기떡류
백설기

재 료

- 쌀가루 ·························· 700g
- 소금 ··························· 7g
- 설탕 ··························· 70g
- 물 ···························· 적당량

만드는 법

1 쌀가루에 소금과 물을 넣고 손으로 비빈다.
2 체에 내려 살짝 쥐어 흔들어 보아 깨지지 않으면 다시 체에 내려준다.
3 쌀가루에 설탕을 넣어 섞어 준다.
4 찜기에 실리콘을 깔고 그 위에 설탕을 뿌려준다.
5 체에 내린 쌀가루를 찜가에 수평으로 안친다.
6 수평으로 안친 쌀가루에 원하는 크기로 칼집을 내준다.
7 뚜껑을 면보로 감싼 뒤 찜기에 얹고 김 오른 물솥에 올려 15~20분 찐다.
8 잘 익었는지 확인하여 떡을 접시에 올려 마무리한다.

Chapter 1. 설기떡류
쑥설기

재료

- 멥쌀가루 ················· 4.5컵
- 쑥가루 ················· 1과 1/2큰술
- 소금 ················· 1작은술
- 설탕 ················· 4큰술
- 물 ················· 10큰술
- 붉은 강낭콩 ················· 1/2컵

만드는 법

1. 멥쌀가루에 소금을 넣는다.
2. 쑥가루와 물을 넣는다.
3. 모든 가루들을 섞는다. 뭉친 가루가 없게 잘 섞는다.
4. 섞은 재료들을 중간체에 내린다.
5. 붉은 강낭콩을 넣는다.
6. 설탕을 넣어 살살 섞는다.
7. 찜기에 무스링을 얹고 6)의 재료들을 넣어 스크래퍼로 윗면을 매끄럽게 정리한다.
8. 끓는 물솥 위에 찜기를 올리고 6분 후 무스링을 뺀 후 15분간 더 찌고 5분간 뜸을 들인 후 완성한다.

Chapter 1. 설기떡류

호박설기

재료

- 멥쌀가루 ·························· 700g
- 소금 ····························· 7g
- 설탕 ····························· 80g
- 찐호박 ·························· 140g

만드는 법

1 단호박을 4등분 하여 씨를 파내고 껍질을 벗긴 후 적당한 크기로 잘라 찜기에 넣고 찐다.
2 쌀가루에 소금과 찐호박을 넣고 비벼서 으깬다.
3 체에 내려 살짝 쥐어 흔들어 주면서 으깬 다음, 다시 체에 내려준다.
4 쌀가루에 설탕을 넣어 섞어 준다.
5 찜기에 실리콘을 깔고 그 위에 설탕을 뿌려준다.
6 체에 내린 쌀가루를 찜기에 수평으로 안친다.
7 그 위에 대추 고명을 올린다.
8 면보를 찜기 위에 덮고 냄비에 얹어 김이 오른 다음 15~20분 정도 찐 후 접시에 올린다.

Chapter 1. 설기떡류
무지개떡(4색)

재료

- 멥쌀가루 ······················· 700g
- 소금 ····························· 7g
- 설탕 ····························· 70g
- 단호박가루 ······················ 3g
- 쑥가루 ··························· 3g
- 백년초가루 ······················ 3g

만드는 법

1. 쌀가루에 소금을 넣어 체에 친 후 4등분 해둔 다음 쌀가루에 3가지 색 물을 넣어 준다.
2. 골고루 섞어준 다음 체에 내려준 후 살짝 쥐어 흔들어보아 깨지지 않으면 체에 내린다.
3. 4가지 쌀가루에 설탕을 각각 넣어 섞어 준다.
4. 찜기에 실리콘을 깔고 그 위에 설탕을 뿌려준다.
5. 찜기에 설탕을 뿌리고 그 위에 색을 들인 쌀가루를 맨 아래 녹색, 분홍색 순으로 안친다.
6. 분홍색 위에 노란색, 흰색 순으로 수평으로 4가지 색이 두께가 같게 안친다.
7. 면보를 찜기 위에 덮고 냄비에 얹어 김이 오른 후 15~20분 정도 찐 다음 5분간 뜸들인다.
8. 면보를 걷어 내고 떡이 익었는지 확인한 다음 접시에 올려 마무리한다.

Chapter 1. 설기떡류

단호박편

재 료

- 멥쌀가루 ·················· 500g
- 단호박 ···················· 150g
- 물 ························ 45g
- 설탕 ······················ 40g

- 장식용 멥쌀가루 ············ 70g
- 치자가루 ···················· 5g
- 계핏가루 ···················· 2g
- 단호박(충전물용) ············ 70g

- 설탕 ······················ 30g

만드는 법

1. 멥쌀가루, 소금을 넣는다.
2. 단호박 씨를 제거한 다음 찜기에 10분 정도 찐다.
3. 멥쌀가루에 찐 단호박을 넣는다. 멥쌀가루, 단호박을 섞어 체에 내린다.
4. 찜기에 모양틀을 얹고 단호박을 넣은 쌀가루, 단호박 충전물, 단호박 쌀가루 순서로 넣는다.
5. 장식용 떡은 멥쌀가루를 끓는 물로 익반죽 하여 10분 찐 다음 반죽을 치대 준비한다.
6. 장식용 떡반죽에 치자가루와 계핏가루로 색을 들여 모양깍지로 찍어 꽃 모양을 만든다.
7. 단호박편은 찜기에 앉혀서 25분 정도 찌고 5분 정도 뜸들인다.
8. 단호박편 위에 장식용 꽃을 올려 완성한다.

Chapter 1. 설기떡류

대추약편

재료

- 멥쌀가루 ·············· 550g
- 대추고 ················ 100g
- 막걸리 ················· 60g
- 설탕 ··················· 50g
- 밤 ····················· 4개
- 대추 ···················· 5개
- 잣 ················· 1/2큰술

만드는 법

1. 밤은 속껍질을 벗기고 곱게 채 썰고 대추는 돌려깎기 후 곱게 채썬다. 잣은 고깔을 떼어 준비한다.
2. 멥쌀가루에 소금, 막걸리, 대추고를 넣어 잘 섞는다.
3. 쌀가루를 곱게 체에 내린 후 설탕을 넣는다.
4. 찜기에 면보를 깔고 사각모양틀을 얹고 대추고를 넣은 쌀가루를 넣는다.
5. 쌀가루를 모양틀 위까지 고루 평평하게 놓고 스크래퍼로 정리한다.
6. 과도로 칼금을 넣는다.
7. 밤채, 대추채, 잣을 섞어서 쌀가루 위에 고명으로 얹는다.

Chapter 1. 설기떡류

잡과병

재 료

- 찹쌀가루 ·················· 200g
- 소금 ························ 2g
- 밤 ·························· 5개
- 대추 ······················· 5개
- 석이 ······················· 5g
- 꿀 ·························· 10g

만드는 법

1. 찹쌀가루에 물을 넣어 수분을 주고 비벼 섞고 체에 내린 가루에 설탕을 넣고 섞는다.
2. 찜기에 실리콘을 놓고 쌀가루를 안친 후 면보를 덮어 15~20분 정도 찐다.
3. 실리콘을 제거해준다.
4. 방망이로 익힌 떡을 잘 쳐준다.
5. 밤, 대추, 석이를 곱게 채 썰어준다.
6. 곱게 채썬 재료를 섞는다.
7. 떡을 한입 크기로 만들어 꿀을 묻힌다.
8. 꿀을 묻힌 떡에 채 썬 재료를 골고루 묻혀주고 접시에 올려 마무리한다.

Chapter 2. 켜떡류
팥시루떡

재료

- 멥쌀가루 ……………………… 700g
- 소금 ……………………………… 7g
- 설탕 ……………………………… 70g
- 붉은 팥 ………………………… 300g

만드는 법

1 팥에 물을 붓고 끓으면 물을 버리고 팥의 2.5~3배 물을 부어 끓으면 1시간 정도 푹 삶는다.
2 팥이 익으면 뜸을 들이고 김을 날린 후, 소금을 넣고 방망이로 빻아 붉은 팥고물을 만든다.
3 쌀가루에 소금을 넣고 물을 넣어 수분을 준 뒤 비벼 섞은 다음, 체에 내린다.
4 찜기에 실리콘을 깔고 설탕을 뿌린 후, 팥고물을 평평하게 맨 밑에 깔아준다.
5 쌀가루에 설탕을 넣고 고루 섞은 다음, 찜기에 쌀가루를 넣어 평평하게 수평으로 안친다.
6 담아놓은 쌀가루 위에 팥고물을 뿌린다.
7 김 오른 물솥 위에 찜기를 올려 그 위에 마른 면보를 덮어 15~20분 간 찐다.
8 떡이 익었는지 나무젓가락 찔러 확인하고 접시에 올려 마무리한다.

Chapter 2. 켜떡류

단호박 팥시루떡

재 료

- 멥쌀가루 ················· 500g
- 단호박 ··················· 150g
- 물 ······················· 45g
- 설탕 ····················· 50g
- 소금 ····················· 1/2큰술
- 붉은 팥 ·················· 300g
- 팥고물용(소금) ··········· 1작은술
- 팥고물용(설탕) ··········· 1큰술

만드는 법

1 멥쌀가루, 소금, 물을 넣는다.
2 단호박 씨를 제거한 다음 찜기에 단호박을 10분 정도 찐다.
3 멥쌀가루에 찐 단호박을 섞는다.
4 쌀가루에 소금, 물을 넣고 체에 내린 후 설탕을 고루 섞는다.
5 팥을 1시간 정도 삶아 방망이로 고루 찧는다.
6 삶아서 찧어 놓은 팥에 설탕을 넣어 섞은 다음 팥고물을 완성한다.
7 찜기에 모양틀을 얹고 면보를 깔고 팥고물, 단호박 쌀가루, 팥고물, 쌀가루, 팥고물 순서로 얹고 고루 편다.
8 찜기에 25분 찐 다음 5분 뜸을 들여서 접시에 담아 완성한다.

Chapter 2. 켜떡류
녹두찰편

재료

- 찹쌀 500g
- 소금 5g
- 설탕 50g
- 녹두고물 600g

만드는 법

1. 찹쌀가루에 소금을 넣고 물을 넣어 수분을 주고 골고루 비벼 섞는다.
2. 체에 내린 가루에 설탕을 넣고 섞는다.
3. 찜기에 실리콘을 깔고 그 위에 설탕을 골고루 뿌려준다.
4. 녹두고물을 찜기에 뿌린다.
5. 찜기에 준비한 찹쌀가루, 녹두고물 순으로 넣고 안친다.
6. 안친 후 평평하게 펼친다.
7. 뚜껑을 면보로 감싸 찜기 위에 김 오른 물솥에 찜기를 얹어 25분 정도 찐다.
8. 떡을 접시에 올려 마무리한다.

Chapter 2. 켜떡류
단호박 켜떡

재료

- 멥쌀가루 ···················· 500g
- 단호박 ························ 100g
- 소금 ································ 9g
- 설탕 ···························· 100g
- 녹두고물 ···················· 900g

만드는 법

1. 단호박을 4등분 후 씨를 파내고 껍질을 벗긴다음에 적당한 크기로 잘라 찜기에 넣고 찐다.
2. 쌀가루 400g에 소금과 물을 준 후 체에 내려둔다.
3. 쌀가루 100g에 소금과 찐호박을 넣고 섞는다.
4. 찜기에 실리콘을 깔고 그 위에 설탕을 뿌려준다.
5. 찜기에 녹두고물을 평평하게 깔아준다.
6. 쌀가루 200g → 녹두 → 호박 섞은 쌀 → 녹두고물 → 쌀가루 200g → 녹두고물 순서로 담는다.
7. 평평하게 펴준 다음에 쌀가루의 양이 동일하도록 두께가 비슷하게 나오도록 한다.
8. 면보를 찜기 위에 덮고 김 오른 물솥에 얹어 15~20분 찌고 뜸들인 다음 접시에 담아 완성한다.

Chapter 2. 켜떡류
두텁떡

 재 료

- 찹쌀가루 ·············· 500g
- 설탕 ·············· 10g
- 계핏가루 ·············· 1g
- 간장 ·············· 10g

유자소
- 밤 ·············· 3개
- 대추 ·············· 3개
- 유자청 ·············· 20g

- 잣 ·············· 20g
- 꿀 ·············· 20g
- 거피팥고물 ·············· 300g

만드는 법

고물 만들기
1 거피팥고물에 진간장, 설탕, 계핏가루, 후춧가루를 넣어 골고루 섞고 마른팬에 보슬보슬하게 볶는다.
2 볶은 거피팥고물을 식혀 중간체에 내린다.

떡소 만들기
1 잣은 고깔을 떼고 대추, 밤, 호두, 유자청 건지는 잣 크기 만큼 잘게 썬다.
2 볶은 거피팥고물 1/2컵, 대추, 밤, 호두, 유자청 건지, 계핏가루와 꿀을 한데 섞어 한 덩어리가 되도록 반죽한다.
3 반죽한 소를 조금씩 떼어 잣을 한 알씩 넣고 지름 2cm 크기로 동글납작하게 빚는다.

떡가루 물주기
1 찹쌀가루에 진간장, 꿀을 넣고 손으로 고루 비빈다.
2 진간장과 꿀로 떡가루 수분을 맞추고 나머지 수분량은 물로 조금씩 맞춘다.
3 중간체에 내린다.

Chapter 2. 켜떡류

두텁편

재료

- 찹쌀가루 ················· 400g
- 진간장 ··················· 15g
- 대추고 ··················· 23g
- 물 ······················· 40g
- 설탕 ····················· 40g
- 밤 ······················· 5개
- 대추 ····················· 10개
- 계핏가루 ················ 1/4작은술
- 유자청건지 ··············· 1큰술
- 호두반태 ················· 5개
- 잣 ······················· 2큰술

만드는 법

1. 거피팥에 소금, 간장, 계핏가루를 넣어 섞는다.
2. 1)을 약한불에서 볶아준다.
3. 볶아진 거피 팥고물을 체에 내린다.
4. 대추를 푹 삶아 걸러서 대추고를 만든다.
5. 찹쌀가루에 잘게 썰어둔 밤과 대추, 잣, 간장, 계핏가루 등을 넣고 잘 섞는다.
6. 찜기에 면보를 깔고 모양틀을 놓고 거피팥고물-부재료들을 섞은 쌀가루-거피팥고물 순서대로 안치고 스크래퍼로 평평하게 정리한다.
7. 찜솥에 찜기를 올리고 25분 정도 찐 다음 5분 뜸들인 후 완성한다.

Chapter 3. 빚어찌는 떡류

삼색송편

재료

- 멥쌀가루 ·············· 200g
- 소금 ················· 2g
- 불린 서리태 ············ 70g
- 단호박가루 ············· 3g
- 쑥가루 ················ 3g
- 백년초가루 ············· 3g

만드는 법

1. 쌀가루에 소금을 넣어 채 친 후 3등분 하여 세가지 색 가루 재료를 넣어 준다.
2. 3가지 색의 쌀가루에 뜨거운 물을 넣어 준다.
3. 익반죽한 후 동그랗게 빚어 면보로 덮어둔다.
4. 삼색으로 만든 반죽을 동그랗게 만든다.
5. 동그란 반죽에 소를 넣고 송편을 양쪽을 접고 붙여준다.
6. 송편의 모양을 잘 잡아준다.
7. 찜기에 넣어준다.
8. 면보를 찜기 위에 덮고 물솥에 얹어 김이 오른 후 15~20분 정도 찐 다음 접시에 담아 완성한다.

Chapter 3. 빚어찌는 떡류

꽃송편

재료

떡
- 멥쌀가루 ·································· 300g
- 소금 ··· 3g
- 치자가루 ···································· 1g
- 자색고구마가루 ··························· 1g

소
- 참깨 간 것 ································· 30g
- 설탕 ··· 30g
- 볶은 콩가루 ································· 7g
- 국간장 ································ 1/2작은술
- 물

만드는 법

1. 쌀가루에 소금을 넣고 중간체에 내려준다.
2. 쌀가루를 3등분 하여 치자가루, 자색고구마가루를 넣어 3색의 쌀가루를 만든다.
3. 각각의 쌀가루에 끓는 물을 넣고 익반죽하여 말랑하게 치대어준다.
4. 반죽을 20g씩 소분하여 동그랗게 만든 후 구멍을 내고 준비한 깨소를 조금씩 넣어 다시 반죽을 붙여 동그랗게 만든다.
5. 반달 모양의 송편을 빚는다.
6. 다른 색깔 반죽으로 꽃 모양의 고명을 만들어 올린다.
7. 색깔별로 송편을 만들고 고명을 올린 뒤 김 오른 찜솥에 올려 15분 쪄준다.
8. 다 쪄진 송편은 한김 식힌 후 참기름을 발라준다.
9. 예쁘게 접시에 담아준다.

Chapter 3. 빚어찌는 떡류

모양송편 (매화송편)

재료

떡
- 멥쌀가루 ·························· 200g
- 소금 ······························· 2g
- 비트가루 ························ 적당량

소
- 잣 ································ 적당량

만드는 법

1. 쌀가루에 소금을 넣고 잘 섞는다.
2. 중간체에 내린 후 쌀가루를 소분하여 한쪽에는 비트가루를 넣어 두가지 색으로 만든다.
3. 각각 쌀가루에 끓는 물을 넣어 말랑하게 반죽한다.
4. 비트가루를 넣은 분홍 반죽을 3g씩 5개, 그 보다 작은 흰 반죽을 1개 만든다.
5. 분홍반죽에 잣을 한 개씩 넣고 한쪽 끝이 뾰족한 물방울 모양으로 빚는다.
6. 반죽이 뾰족한 부분이 안쪽으로 오도록 5개를 모아붙여 매화모양으로 만든 다음 도구를 이용해 꽃잎에 선을 만든다.
7. 흰색 반죽을 동그랗게 빚어 매화 가운데 수술로 붙인다.
8. 찜기에 만든 송편을 얹고 김 오른 솥에 얹어 15분 찌고 떡이 한김 나가면 참기름을 발라준다.
9. 접시에 담아 완성한다.

Chapter 3. 빚어찌는 떡류

모양송편 (잎새송편)

재료

떡
- 멥쌀가루 ·································· 300g
- 소금 ······································· 3g
- 쑥가루 ································· 적당량

소
- 참깨 간 것 ······························· 30g
- 설탕 ·· 30g
- 볶은 콩가루 ······························· 7g
- 국간장 ······································ 3g

만드는 법

1 쌀가루에 소금을 넣고 체에 내린 후 쑥가루를 넣어 잘 섞는다.
2 적당량의 끓는 물을 넣어 말랑하게 반죽한다.
3 반죽은 17g 정도로 소분한다.
4 깨소 재료를 모두 넣고 잘 섞는다. 소가 질면 터질 수 있으므로 질지 않게 한다.
5 반죽에 동그란 구멍을 내어 깨소를 적당량 넣고 소가 나오지 않도록 잘 붙여준다.
6 도구를 이용하여 나뭇잎의 무늬를 만든다.
7 가운데 잎맥을 중심으로 옆의 잎맥 무늬를 자연스럽게 엇갈리게 만들어준다.
8 찜기에 만든 송편을 얹고 김 오른 솥에 얹어 15분 찌고 떡이 한김 나가면 참기름을 발라준다.
9 접시에 담아 완성한다.

Chapter 3. 빚어찌는 떡류
모양송편(호박송편)

재료

떡
- 멥쌀가루 ·························· 300g
- 소금 ····································· 3g
- 치자가루 ························· 적당량
- 쑥가루 ····························· 적당량

소
- 참깨 간 것 ························· 30g
- 설탕 ·································· 30g
- 볶은 콩가루 ························ 7g
- 국간장 ································ 3g

만드는 법

1. 분량의 쌀가루에 소금을 넣고 체에 내린 후 치자물과 쑥가루를 섞어 색깔별-죽을 만든다.
2. 끓는 물을 넣어 익반죽한다.
3. 노란색 반죽을 17g 정도로 소분한다.
4. 반죽에 동그란 구멍을 내어 깨소를 적당량 넣고 소가 나오지 않도록 잘 붙여준다.
5. 찔 때 터지지 않도록 반죽 안에 공기를 잘 빼주어 마무리한 후 동그랗게 다시 빚는다.
6. 도구를 이용하여 호박의 무늬를 만들고 초록색 반죽으로 줄기를 만들어 붙인다.
7. 찜기에 만든 송편을 얹고 김 오른 솥에 얹어 15분 찐다.
8. 쪄진 떡이 한김 나가면 참기름을 발라준다.
9. 송편은 뜨거울 때 보다 식었을 때 더 쫄깃한 식감으로 먹을 수 있다.

Chapter 4. 약밥

약식

재료

- 찹쌀 ·················· 500g
- 소금 ·················· 10g
- 황설탕 ················ 100g
- 대추 ·················· 10개
- 밤 ···················· 10개
- 대추물 ················ 100g
- 캐러멜소스 ············ 적당량
- 잣 ···················· 1/2큰술

만드는 법

1 밤은 껍질을 제거한 뒤 2~3등분 하여 설탕을 넣고 삶는다.
2 대추에 물을 넣어 푹 무르도록 삶은 후 체에 받쳐 으깨어 대추고를 만든다.
3 찹쌀을 깨끗이 씻어 3시간 불린 후 30분 물기를 빼고 찜기에 올린 후 40분 정도 찐다.
4 소금물을 끼얹은 후 주걱으로 위아래를 뒤집어 주고 20분 찐 다음 약식 양념을 섞는다.
5 대추는 면보로 닦고 씨를 발라 3~4등분 크기로 자르고 잣은 고깔을 제거한다.
6 찐 찹쌀에 대추고, 밤, 대추, 잣, 캐러멜소스, 황설탕을 넣어 고루 섞는다.
7 김 오른 찜기에 찰밥을 담아 1시간 정도 중불에서 찐다.
8 완성된 약식을 작은 용기에 담거나 모양을 낸 후 접시에 올려 마무리한다.

Chapter 4. 약밥

녹차약식

재료

떡
- 찹쌀 600g
- 밤 10개
- 대추 8개
- 설탕 80g

- 참기름 30g
- 소금 1큰술
- 꿀 1큰술

집청
- 녹차가루 2큰술
- 계핏가루 2작은술
- 잣 1큰술

만드는 법

1. 3시간 불린 찹쌀를 쪄서 식힌 다음 녹차가루를 넣는다.
2. 1)에 밤, 대추는 잘게 썰고 잣은 통잣으로 넣고 설탕, 소금, 참기름을 넣고 므든 재료들을 섞는다.
3. 2)의 재료들을 찜기에 넣고 앉힌다.
4. 찜기에 재료들을 넣고 40-50분 정도 찐다.
5. 4)의 쪄낸 재료들과 계핏가루를 넣어 섞어서 소금물을 뿌려 5분 정도 찐다.
6. 5)의 재료들과 참기름, 꿀을 넣어 고루 섞은 후 완성한다.
7. 모양틀 안쪽에 참기름을 약간 바르고 6)의 재료들을 넣어 틈이 없도록 고루 잘 넣어 준다.
8. 모양틀에 내용물을 다져 넣고 약식 위를 고루 펴준다.
9. 모양틀 안의 약식은 접시를 이용해서 뒤집어 꺼내서 대추꽃과 잣으로 장식한 후 완성한다.

Chapter 4. 약밥

약식케이크

재 료

- 찹쌀 ································· 550g
- 밤 ···································· 7개
- 대추 ································· 7개
- 황설탕 ······························ 90g
- 참기름 ···························· 1/2컵
- 진간장 ······························ 20g
- 계핏가루 ····················· 1/2작은술
- 캐러멜소스 ······················· 30g
- 소금 ··························· 1작은술
- 꿀 ································· 1큰술
- 대추고 ····························· 30g
- 잣 ································· 1큰술

만드는 법

1 3시간 이상 불린 찹쌀을 찜기에 면보를 깔고 1시간 정도 찐다.
2 밤은 속껍질까지 벗겨서 깨끗이 씻은 후 4-5등분 한다.
3 대추는 3-4등분 한다.
4 등분 한 밤은 설탕과 물을 넣어 졸인다.
5 쪄낸 찹쌀밥에 참기름을 넣는다.
6 5)의 재료에 대추고, 간장, 캐러멜소스, 소금을 넣는다.
7 6)의 재료에 준비한 대추, 밤 등을 넣어 섞는다.
8 7)의 재료들을 찜기에서 40분 정도 찐다.
9 완성된 약식은 모양틀에 눌러 담고 호박씨와 잣으로 장식한 후 완성한다.

Chapter 5. 인절미류

흑임자 인절미

재 료

- 찹쌀가루 ·································· 6컵
- 흑임자가루 ······························· 3컵
- 소금 ·· 1/2큰술
- 설탕 ·· 1작은술
- 물 ·· 1/3컵

고명
- 대추 ·· 5개
- 잣 ·· 1큰술

만드는 법

1 찜기에 면보를 깔고 흑임자가루를 얹어 20분 정도 찐다.
2 쪄낸 흑임자가루는 스텐볼에 넣어 밀대로 찧어서 기름을 제거한다.
3 찹쌀가루에 소금, 물을 넣어 체에 내린 후 설탕을 섞는다.
4 찜기에 젖은 면보를 깔고 설탕을 뿌리고 쌀가루를 얹고 25분 정도 찐 다음 5분 뜸을 들인 후 완성한다.
5 조리대에 비닐을 깔고 약간의 기름을 바른다.
6 전처리한 흑임자 고물을 뿌린다.
7 쪄낸 찹쌀 반죽에 흑임자 고물을 묻혀 가면서 성형을 한다.
8 흑임자 고물을 묻힌 떡이 약간 굳으면 스크래퍼로 자른다.
9 완성된 흑임자 인절미에 잣과 대추채로 고명을 한다.

Chapter 5. 인절미류
꽃인절미

재 료

- 찹쌀가루 ························ 500g
- 물 ······························· 100g
- 설탕 ······························ 50g
- 카스테라 고물 ··················· 100g
- 소금 ························· 1작은술
- 대추 ···························· 10개
- 쑥갓잎 ··························· 약간

만드는 법

1. 찹쌀가루에 소금 넣어 체에 내린다.
2. 1)에 물을 넣어 체에 한 번 더 내리고 설탕을 섞는다.
3. 김 오른 찜기에 면보를 깔고 설탕을 조금 뿌린 다음 체에 내린 가루를 손으로 쥐어가면서 찜기에 놓고 20분 정도 찐 다음 5분 정도 뜸을 들인다.
4. 조리대에 비닐을 깔아둔다.
5. 카스테라를 체에 곱게 내려 카스테라 고물을 만든다.
6. 비닐을 깐 조리대 위에 카스테라 고물을 깐다.
7. 잘 쪄진 찹쌀반죽을 사각틀에 넣어 모양을 잡고 카스테라 고물을 덮는다.
8. 찹쌀떡이 약간 굳으면 스크래퍼를 이용하여 등분을 한다.
9. 떡 위에 대추는 모양 깍지로 꽃을 만들어 얹고 쑥갓 잎도 같이 장식하여 완성한다.

Chapter 5. 인절미류

단호박 인절미말이

재 료

- 찹쌀가루 ············· 600g
- 찐 단호박 ············· 200g
- 소금 ················ 1큰술
- 설탕 ················ 1작은술
- 거피팥 ············· 300g
- 소금물 ········· 물1컵/소금1작은술
- 대추 ················ 4개

만드는 법

1 단호박은 씨를 제거한 후 찜기에 찐다.
2 쪄진 단호박은 껍질을 제거한다.
3 거피팥은 3시간 정도 불린다.
4 거피팥은 찜기에 30분 정도 찐 다음 소금을 넣고 방망이로 찧어 고물을 만든다.
5 찹쌀가루에 단호박과 설탕을 넣고 섞는다.
6 면보를 깔고 설탕을 뿌린 후 단호박 쌀가루를 찜기에 올려 25분 찐 다음 5분 정도 뜸을 들인다.
7 조리대 위에 비닐을 깐다.
8 조리대 위에 거피 팥고물을 깔고 단호박 떡을 밀대와 손으로 밀면서 돌돌 말아준다.
9 말아놓은 떡을 2~3cm 두께로 자른 다음 대추꽃으로 장식한다.

Chapter 5. 인절미류

밥알 인절미

재 료

- 찹쌀 ································· 500g
- 소금 ································· 5g
- 설탕 ································· 30g
- 콩고물 ······························ 100g

만드는 법

1 4시간 불린 쌀을 체에 담아 물기를 제거한다.
2 찜기에 불린 쌀을 넣고 그 위에 면보를 덮어 40분 찐다.
3 찐 쌀에 소금을 넣고 잘 섞어준다.
4 물을 약간 넣어 섞는다.
5 쪄진 찹쌀을 방망이로 쳐준다.
6 친 찹쌀을 덩어리로 뭉쳐준다.
7 콩고물 위에 올리고 고물을 골고루 묻혀준다.
8 떡을 그릇에 담아서 마무리한다.

Chapter 6. 고물류

삶은 고물류

재료

- 붉은 팥 ····················· 500g
- 소금 ························· 5g

만드는 법

❶

❷

❸

❹

1 팥은 물을 붓고 끓으면 물을 버리고 다시 팥의 2.5~3배 물을 부어 센불에서 끓인다.
2 팥이 끓으면 불을 낮추어 중불에서 팥이 무르게 익을 때까지 약 1시간 정도 삶는다.
3 익으면 뜸을 들이고 김을 날린 후 소금을 넣고 방망이로 찧어 붉은 팥고물을 만든다.
4 고물을 그릇에 담아 마무리한다.

Chapter 6. 고물류

찌는 고물류 (거피팥고물)

재 료

- 거피팥 ················· 500g
- 소금 ·················· 5g

만드는 법

1 불린 거피팥을 껍질을 벗기고 깨끗하게 씻은 후 어레미에 담아 물기를 뺀다.
2 찜통에 실리콘을 깔고 거피팥을 넣고 안친다.
3 평평하게 펴준다.
4 찜기에 수증기가 오르면 그 위에 마른 면보를 덮어 40분 정도 찌고 10분 뜸들인다.
5 익은 팥을 까불려서 수증기를 날린 후에 소금을 넣는다.
6 방망이로 쳐준다.
7 어레미체에 고물을 내린다.
8 고물을 그릇에 담아 마무리한다.

Chapter 6. 고물류

볶은 고물류

재 료

- 붉은 팥 ···························· 500g
- 소금 ······························· 5g

만드는 법

1 팥은 물을 붓고 끓으면 버리고 찬물을 팥의 2.5~3배 정도 부어 처음에는 센불에서 끓인다.
2 팥이 무르익으면 불을 중불으로 낮추어 1시간 정도 삶는다.
3 삶은 팥을 뜨거운 김을 날려 소금을 넣고 방망이로 찧어 붉은 팥을 체에 내린다.
4 팥 앙금을 냄비에 넣어 수분을 날리며 타지 않게 저어주며 볶아서 팥가루를 만든다.
5 고물을 그릇에 담아 마무리한다.

Chapter 7. 가래떡류
가래떡

재료

- 멥쌀가루 ·························· 500g
- 소금 ······························· 5g
- 식용유 ···························· 약간

만드는 법

1 쌀가루에 소금을 넣어준 다음 물을 넣어준다.
2 물을 넣어 고루 섞어 준다.
3 찜기에 준비한 반죽을 넣고 안친다.
4 찜기에 준비한 반죽을 넣고 그 위에 마른 면보를 덮어 15~20분 정도 찐다.
5 반죽이 익었는지 나무젓가락으로 확인한다.
6 쪄낸 떡을 스텐볼에 넣고 방망이로 친다.
7 직경이 3cm 정도가 되게 길게 반대기를 지어 가래떡 모양으로 만든다.
8 떡을 접시에 올려 마무리한다.

Chapter 7. 가래떡류

조랭이떡

재 료

- 멥쌀가루 ·············· 500g
- 소금 ·············· 5g
- 참기름 ·············· 약간

만드는 법

1 쌀가루에 소금을 넣어준다음 물을 넣어준다.
2 물 넣어 고루 섞어 준다.
3 찜기에 준비한 반죽을 넣고 안친다.
4 찜기에 준비한 반죽을 넣고 그 위에 면보를 덮어 15~20분 정도 찐다.
5 반죽이 익었는지 나무젓가락으로 확인한다.
6 쪄낸 떡을 스텐볼에 넣고 방망이로 친 다음 직경이 1cm 두께로 되도록 만든다.
7 참기름을 바르며 스크래퍼로 허리를 잘록하게 썰어 누에고치 모양의 조랭이떡을 만든다.
8 떡을 접시에 올려 마무리한다.

Chapter 7. 가래떡류

쑥절편

재 료

- 멥쌀가루 ·············· 200g
- 쑥가루 ·············· 10g
- 물 ·············· 4큰술
- 설탕 ·············· 2큰술
- 백앙금 ·············· 150g
- 소금 ·············· 1작은술
- 식용유 ·············· 1작은술

만드는 법

1. 멥쌀가루, 소금, 물을 넣어 손으로 섞는다.
2. 1)의 재료들을 체에 내린다.
3. 찜기에 면보를 깔고 쌀가루를 25분 정도 찐 다음 5분 뜸을 들인다.
4. 비닐을 깔고 익힌 떡을 잘 치댄다.
5. 치댄 떡반죽에 쑥가루를 넣어 쑥반죽을 만든다.
6. 백앙금을 떼어내어 완자 모양으로 둥글리기 한다.
7. 떡반죽에 백앙금소를 넣어 오므려서 떡반죽을 둥글리기 한다.
8. 둥글리기 한 떡반죽을 떡살에 기름을 바른 다음 눌러서 문양을 찍어낸다.
9. 쑥절편에 기름을 발라 완성한다.

Chapter 7. 가래떡류

오색꽃절편

재료

- 멥쌀가루 ·············· 5컵
- 소금 ·············· 1/2큰술
- 설탕 ·············· 1작은술
- 물 ·············· 1/2컵
- 백앙금 ·············· 150g
- 식용유 ·············· 1작은술

천연색소
- 쑥가루 ·············· 1작은술
- 자색고구마가루 ·············· 1작은술
- 치자가루 ·············· 1작은술
- 계핏가루 ·············· 1작은술

만드는 법

1 멥쌀가루에 소금과 물을 넣는다.
2 1)의 재료에 설탕을 넣고 체에 내린 후 찜기에 25분 정도 찌고 5분 정도 뜸을 들인다.
3 익힌 반죽에 치자가루, 계핏가루, 자색고구마가루, 쑥가루로 각각 색을 들인다.
4 색을 들인 반죽을 매끈하게 손으로 치댄다.
5 백앙금 소를 완자 모양으로 빚는다.
6 물들인 떡반죽에 백앙금 소를 넣어 동그랗게 빚는다.
7 소를 넣어 동그랗게 빚은 떡을 떡살로 지긋이 눌러서 문양을 찍어낸다.
8 다른 색들도 7)과 같은 방법으로 떡살로 문양을 찍어낸다.
9 완성된 오색꽃절편에 떡이 마르지 않도록 식용유를 약간 발라 완성한다.

Chapter 7. 가래떡류

사탕절편

재료

- 멥쌀가루 ················· 250g
- 물 ························· 80g
- 치자가루 ················ 1/2작은술
- 자색고구마가루 ········· 1/2작은술
- 계핏가루 ················ 1/2작은술
- 쑥가루 ··················· 1/2작은술
- 소금 ····················· 1작은술
- 식용유 ··················· 1작은술

만드는 법

1. 멥쌀가루에 소금을 넣는다.
2. 1)의 재료에 물을 넣어 체에 내린다.
3. 찜기에 25분 정도 찐 다음 5분 정도 뜸을 들인다.
4. 익힌 절편 반죽을 떼어 다섯 가지 색을 만든다.
5. 네가지 반죽색을 떼어내어 밀어둔다.
6. 흰 반죽을 떼어 내어 둥근 기둥을 만들고 네가지 색 떡을 돌려 붙여 손으로 밀면서 가늘게 밀어 준다.
7. 손바닥을 세워 반죽을 돌려 가면서 잘라 준다.
8. 꼬리떡이나 사탕떡을 만든다.
9. 만들어진 떡 위에 식용유를 약간 바르고 완성한다.

Chapter 8. 찌는 찰떡류
동부찰편

재 료

- 찹쌀가루 ·························· 500g
- 소금 ································ 5g
- 설탕 ······························· 30g
- 동부고물 ·························· 100g

만드는 법

1. 찹쌀가루에 물을 넣어 수분을 주고 골고루 비벼 섞는다.
2. 체에 내린 가루에 설탕을 넣고 섞는다.
3. 찜기에 실리콘을 깔고 그 위에 설탕을 골고루 뿌려준다.
4. 동부고물에 설탕을 넣어 준비한다.
5. 찜기에 준비한 동부고물, 찹쌀가루, 동부고물, 찹쌀가루, 동부고물 순으로 넣고 안친다.
6. 찜기 위에 면보를 덮어 김 오른 물솥에 얹어 15~20분 찐다.
7. 떡을 접시에 올려 마무리한다.

Chapter 8. 찌는 찰떡류

흑임자찰편

재료

- 찹쌀가루 ················· 6컵
- 흑임자가루 ··············· 6컵
- 소금 ····················· 1/2큰술
- 설탕 ····················· 1작은술
- 물 ······················· 3큰술

고명
- 대추 ····················· 5개
- 호박씨 ··················· 1큰술
- 잣 ······················· 1큰술

만드는 법

1 찹쌀가루, 소금, 물을 넣어 재료들을 고루 섞는다.
2 1)의 재료들을 체에 내린다.
3 흑임자 가루는 찜기에 20분 정도 쪄서 준비한다.
4 쪄낸 흑임자는 식혀 둔다.
5 식혀둔 흑임자는 밀대로 찧어서 흑임자의 기름을 뺀다.
6 찜기에 면보를 깔고 모양틀을 얹고 찹쌀가루와 흑임자가루를 한켜씩 놓는다.
7 맨 위에 흑임자 가루를 얹어서 찜기에 25분 정도 찌고 5분 정도 뜸을 들여 완성한다.
8 찜기에 떡이 식으면 모양틀을 빼낸다.
9 접시에 완성된 떡을 놓고 호박씨, 대추꽃, 통잣으로 고명을 올린 다음 완성한다.

Chapter 8. 찌는 찰떡류
깨찰편

재료

- 찹쌀가루 ·············· 300g
- 물 ·············· 75g
- 설탕 ·············· 30g
- 참깨 ·············· 120g
- 흑임자 ·············· 30g

만드는 법

1. 참깨는 팬에 볶아서 곱게 빻는다.
2. 흑임자는 찜기에 쪄서 밀대로 찧어서 흑임자의 기름을 뺀다.
3. 찹쌀가루에 소금, 설탕, 물을 넣어 체에 내린다.
4. 찜기에 스텐몰드를 놓고 빻아둔 참깨를 넣는다.
5. 참깨 위에 찹쌀가루 반을 얹는다.
6. 찹쌀 가루 위에 흑임자가루를 얹고 나머지 찹쌀가루를 올린다.
7. 맨 위에 참깨를 얹는다.
8. 스크래퍼로 떡 위를 평평하게 한 다음 끓는 물솥에 찜기를 얹어 25분 정도 찌고 5분 정도 뜸을 들여 완성한다.
9. 찜기의 떡이 식으면 호박씨와 대추로 고명을 하여 완성한다.

Chapter 8. 찌는 찰떡류
콩찰편

재료

- 찹쌀가루 ······························· 500g
- 소금 ································· 5g
- 설탕 ································ 50g
- 불린 서리태 ························· 100g

만드는 법

1 서리태를 씻어 찬물에 넣어 소금을 넣고 삶는다.
2 찹쌀가루에 소금을 넣고 물을 넣어 수분을 주고 골고루 비벼 섞는다.
3 찹쌀가루에 서리태 콩을 반 정도 넣어 섞어준다.
4 찜기에 실리콘을 깔고 그 위에 설탕을 뿌린다.
5 찜기에 삶은 콩을 넣고 펴준다.
6 찜기에 준비한 반죽을 넣고 평평하게 펴준다음에 찜기 위에 면보를 덮어 15~20분 찐다.
7 비닐 위에 기름을 바른다.
8 익은 콩찰편을 기름을 바른 비닐 위에 올리고 콩이 상하지 않게 치대 사각형으로 만든다.

Chapter 8. 찌는 찰떡류

구름떡

재료

- 찹쌀 ·················· 500g
- 소금 ·················· 5g
- 설탕 ·················· 50g
- 불린 서리태 ·········· 100g
- 밤 ···················· 5개
- 대추 ·················· 5개
- 팥 ···················· 100g

만드는 법

1. 서리태를 씻어 찬물을 붓고 소금을 넣어 삶은 뒤 밤은 껍질 제거 후 3~4등분 한다.
2. 밤을 설탕을 넣어 졸이고 대추는 면보를 닦아 씨를 제거하여 2~3등분 한다.
3. 팥은 물을 붓고 한소끔 끓으면 버리고 찬물을 2.5~3배 정도 부어 끓이고 1시간 정도 삶는다.
4. 팥은 김을 날려 소금을 넣고 방망이로 찧어 붉은 팥을 체에 내린 후 볶아 팥고루를 만든다.
5. 찹쌀가루에 소금을 넣어준 다음 물을 넣어 수분을 주고 골고루 비벼 섞는다.
6. 찹쌀가루에 서리태, 대추, 졸여놓은 밤을 넣고 골고루 섞은 다음 설탕을 넣고 섞어준다.
7. 찜기에 실리콘을 깔고 그 위에 설탕을 뿌리고 반죽을 집어서 가루를 넣은 후 20~25분 찐다.
8. 쪄진 떡을 섞고 팥고루에 떡을 뭉쳐 고루 묻혀준 다음 비닐봉지에 담아 굳어지면 자른다.

Chapter 8. 찌는 찰떡류

단호박 구름떡

재료

- 찹쌀가루 ·················· 500g
- 물 ························· 100g
- 설탕 ························ 50g
- 밤 ·························· 6개
- 대추 ························ 7개
- 서리태 ······················ 55g
- 잣 ························ 1큰술
- 단호박가루 ················· 70g
- 흑임자 고물 ················· 2컵

만드는 법

1 찹쌀가루, 소금, 단호박가루, 물을 넣고 찜기에 면보를 깔고 설탕을 조금 뿌린 후 손으로 가루를 쥐어서 면보 위에 놓는다. 20분 정도 찐 다음 5분 정도 뜸을 들인다.
2 볼에 쪄낸 단호박 구름떡 반죽을 밀대나 손에 기름을 바르고 여러 번 치댄다.
3 구름떡 틀에 비닐을 깔고 식용유를 바른다.
4 익은 떡을 적당히 떼어 낸다.
5 흑임자 고물을 떡에 묻힌다.
6 흑임자 고물을 묻힌 떡을 준비해 둔 구름떡 틀에 눌러 담는다.
7 구름떡을 떡틀에 담아 비닐로 감싸서 냉동고나 냉장고에 2시간 정도 보관 후 꺼낸다.
8 2시간 정도 지난 구름떡을 틀에서 꺼내어 1.5-2cm 정도의 두께로 썬다.
9 접시에 구름떡을 썰어 완성한다.

Chapter 8. 찌는 찰떡류
흑미영양떡

재료

- 찹쌀가루 ·························· 200g
- 흑미가루 ·························· 100g
- 소금 ································ 3g
- 설탕 ································ 30g
- 통건무화과 ························ 6개
- 불린 서리태 ······················· 70g

만드는 법

1. 서리태는 4시간 이상 불려 냄비에 잠길만큼 물과 같이 넣고 10분 정도 삶아 물기를 제거한다.
2. 무화과는 말랑해질 때까지 미지근한 물에 넣어 불리고 물기를 제거한 후 적당한 크기로 잘라 준비한다.
3. 찹쌀가루와 흑미가루를 섞고 소금을 넣은 뒤 중간체에 1회 내려준다.
4. 쌀가루를 살짝 쥐었을 때 잘 뭉쳐질 정도로 물을 넣고 잘 비벼준 다음 서리태와 설탕을 고루 섞는다.
5. 찜기에 젖은 면보를 깔고 떡이 붙지 않도록 설탕을 조금 뿌린 다음 쌀가루를 올리고 잘 익을 수 있도록 김이 통과할 수 있는 구멍을 내어준다.
6. 김이 오른 솥에 올려 20분 찐다.
7. 실리콘매트에 기름을 바른 뒤 쪄진 떡을 꺼내 매끈할 때까지 치대준다.
8. 틀에 기름을 바른 비닐을 깔고 떡의 반을 넣고 그 위에 무화과를 올린 후 나머지 떡을 덮어 밀봉하여 냉동실에서 굳힌다.
9. 모양이 잡힌 떡을 꺼내 먹기 좋은 크기로 잘라 접시에 담아 완성한다.

Chapter 8. 찌는 찰떡류
찹쌀떡

재료

- 찹쌀가루 ······························· 200g
- 소금 ····································· 2g
- 설탕 ····································· 10g
- 통팥고물 ······························· 60g

만드는 법

1. 찹쌀가루에 물을 넣어 수분을 주고 비벼 섞은 다음 체에 내린 가루에 설탕을 넣고 섞는다.
2. 찜기에 준비한 반죽을 넣고 안친다.
3. 찜기에 준비한 반죽을 넣고 그 위에 면보를 덮어 15~20분 정도 찐다.
4. 실리콘을 제거해준다.
5. 볼에 반죽을 넣고 방망이로 찧어준다.
6. 팥앙금을 적당한 크기로 떼어 소를 만들어 넣는다.
7. 찹쌀떡 반죽을 적당한 크기로 떼어내어 동그랗게 만들고 안에 소를 넣어준다.
8. 소를 넣은 찹쌀떡을 동그랗게 빚어준 후 전분가루를 묻혀 완성하여 접시에 올려준다.

Chapter 8. 찌는 찰떡류
커피찰떡

재 료

- 찹쌀가루 ························· 400g
- 소금 ································ 4g
- 커피가루 ···························· 6g
- 설탕 ······························· 40g
- 우유 ······························· 50g
- 반태호두 ·························· 50g
- 통아몬드 ·························· 25g

만드는 법

1. 호두는 끓는 물에 튀한 후 흐르는 물에 깨끗이 씻는다.
2. 팬에 기름을 두르지 않고 약한 불에서 호두와 아몬드를 노릇하게 볶은 다음 식힌다.
3. 쌀가루에 소금을 넣고 체에 내린 후 반으로 나누어 1/2은 우유를 넣고 나머지 1/2은 커피가루와 우유를 넣어 수분을 준 후 설탕을 섞어준다.
4. 찜기에 젖은 면보를 깔고 떡이 붙지 않도록 설탕을 조금 뿌린 다음 쌀가루를 앉힌다.
5. 김 오른 솥에 올려 20분 찐다.
6. 실리콘매트에 기름을 바르고 쪄진 두 가지 떡을 꺼내어 매끈하게 치댄 다음 견과류도 반으로 나누어 각각 섞어준다.
7. 틀에 기름 바른 비닐을 깔고 흰떡, 커피떡, 흰떡, 커피떡 순서로 넣어 무늬가 생기도록 담는다.
8. 밀봉하여 냉동실에 넣어 모양이 잡히도록 굳힌다.
9. 틀에서 떡을 꺼내어 적당한 두께로 잘라 완성한다.

Chapter 9. 경단류
수수경단

재 료

- 찰수수가루 ·············· 150g
- 찹쌀가루 ················· 50g
- 소금 ······················· 2g
- 설탕 ······················ 1/2큰술

- 팥 ························· 100g

만드는 법

1 팥은 물을 붓고 끓으면 버리고 찬물을 팥의 2.5~3배 정도 부어 처음에는 센불에서 끓인다.
2 중불로 1시간 정도 삶고 김을 날리고 스텐볼에 소금을 넣어 방망이로 찧는다.
3 수수가루와 찹쌀가루에 넣고 소금을 넣어 섞고 뜨거운 물을 넣어 익반죽 한다.
4 익반죽한 수수가루를 동그랗게 뭉쳐 길게 밀어넣는다.
5 밀어놓는 반죽은 잘라준다.
6 반죽을 동그랗게 빚는다.
7 끓는 물에 반죽을 넣어 익으면 얼음물에 식힌 뒤 면보를 깔고 수수경단을 올려 수분을 제거한다.
8 팥고물을 담아 경단을 넣어 굴려가며 고물을 입히고 접시에 올려 마무리한다.

Chapter 9. 경단류

오색경단

재 료

- 찹쌀가루 200g
- 소금 2g
- 참깨 10g
- 흑임자고물 10g
- 팥고물 10g
- 쑥고물 10g
- 카스테라 빵가루 10g

만드는 법

1. 찹쌀가루에 소금을 넣어 섞은 후 뜨거운 물을 넣어 익반죽하고 3cm정도 두께로 잘라준다.
2. 잘라놓은 반죽을 2.5~3cm 정도로 동그랗게 빚는다.
3. 끓는 물에 경단을 넣어 익히고 익힌 경단을 꺼내어 찬물에 넣어 식힌다.
4. 찬물에 식힌 경단을 면보를 깔고 수분 제거 후 그릇에 쑥고물을 담아 굴리며 고물을 입힌다.
5. 그릇에 빵가루고물을 담아 경단을 넣어 굴려가며 고물을 입힌다.
6. 그릇에 깨고물을 담아 경단을 넣어 굴려가며 고물을 입힌다.
7. 그릇에 팥고물을 담아 경단을 넣어 굴려가며 고물을 입힌다.
8. 그릇에 흑임자고물을 담아 경단을 넣어 굴려가며 고물을 입히고 접시에 올려 마무리한다.

Chapter 10. 지지는 떡류
화전

재 료

- 찹쌀가루 ······················· 100g
- 소금 ···························· 5g
- 대추 ···························· 1개
- 쑥갓 ···························· 10g
- 식용유 ························· 10ml
- 백설탕 ························· 40g

 만드는 법

1 쑥갓은 찬물에 담그고, 대추는 젖은 면보자기로 닦아 준비한다.
2 체에 내린 찹쌀가루에 뜨거운 물 1큰술, 소금을 넣어 익반죽을 한다.
3 대추는 돌려깎아 씨를 바르고 0.2cm 두께로 썰어 꽃을 완성하고 쑥갓은 잎을 떼놓는다.
4 물과 설탕 4큰술을 넣어 서서히 끓여 1/2 정도 될 때까지 젓지 말고 시럽을 완성한다.
5 접시에 식용유를 바르고 찹쌀반죽을 지름 5cm, 두께 0.4cm로 둥글게 빚어 준비한다.
6 팬에 기름을 두르고 반죽을 지진 후 뒤집어 대추와 쑥갓으로 꽃 모양을 내고 다른 면을 익힌다.
7 접시에 화전을 담고 시럽을 끼얹는다.

Chapter 10. 지지는 떡류
삼색부꾸미

재 료
- 찹쌀가루 ·································· 1컵
- 파래가루 ······························ 2큰술
- 거피 팥고물 ····························· 1컵
- 꿀 ·· 1큰술
- 대추 ·· 2개
- 쑥갓잎, 계핏가루

소
- 팥고물 ································· 1/2컵
- 꿀 ·· 2큰술
- 계핏가루 ························· 1/2작은술

고명
- 대추 ·· 4개
- 쑥갓 ·· 1대

만드는 법

❶

❷

❸

❹

1. 찹쌀가루는 소금을 약간 넣고 체에 내린 뒤 3등분 하여 색깔별로 계핏가루, 파래가루(쑥가루)로 뜨거운 물을 넣고 익반죽하여 30분 정도 면보로 덮은 후 지름 6cm 정도로 둥글납작하게 빚는다.
2. 대추는 돌려 깎아 씨를 뺀 뒤 곱게 말아서 썰고, 쑥은 잎을 떼어 놓아 고명으로 준비한다.
3. 팥고물에 소금간을 한 뒤 꿀을 넣어 잘 섞어 소를 만들어 조그맣게 뭉쳐 준비한다.
4. 팬에 기름을 두르고 빚은 반죽을 놓고 한 면이 익으면 뒤집어서 잘 익힌다.
5. 찹쌀이 익어서 투명해지면 가운데에 소를 넣고 반으로 접어 익히면서 대추와 쑥으로 고명을 얹은 뒤 잘 붙도록 숟가락으로 가장자리를 살짝 눌러 준다.

Chapter 10. 지지는 떡류

수수부꾸미

재료

- 찰수수가루 ·················· 150g
- 찹쌀가루 ···················· 50g
- 소금 ························ 2g
- 설탕 ························ 20g
- 팥고물 ······················ 50g
- 대추 ························ 2개
- 꿀 ·························· 10g

만드는 법

1 수수가루와 찹쌀가루를 넣고 소금을 넣고 섞는다.
2 수수가루에 뜨거운 물을 넣어 익반죽한다.
3 익반죽한 수수가루를 동그랗게 뭉쳐 길게 밀어놓는다.
4 밀어놓는 반죽은 잘라준다.
5 동그랗고 납작하게 만들어 팬에 올린다.
6 한쪽 면이 익으면 뒤집어서 소를 넣는다.
7 익은 반죽을 반으로 잘 접는다.
8 마무리로 양쪽을 잘 익혀 내고 대추고명을 올려 접시에 담아 마무리한다.

Chapter 10. 지지는 떡류
개성주악

재료

떡
- 찹쌀가루 ······················ 180g
- 밀가루 ························ 20g
- 막걸리 ······················· 30ml
- 설탕 ·························· 10g
- 소금 ··························· 1g

집청
- 조청(집청) ····················· 1컵
- 물(집청) ······················ 1/2컵
- 생강 ··························· 5g
- 통계피 ························· 5g

고명
- 호박씨 ························ 조금
- 대추 ···························· 1개

만드는 법

1. 집청재료를 모두 넣고 센 불에서 끓으면 약불로 줄여 5분 정도 끓인 다음 불을 끈다.
2. 찹쌀가루에 밀가루와 소금을 넣고 중간체에 한 번 내려준다.
3. 막걸리에 설탕을 넣어 녹인 후 가루에 넣고 잘 섞어준다.
4. 수분이 부족하면 물을 첨가해 주어 말랑하게 반죽을 한 다음 잘 치대어 준다.
5. 20g씩 반죽을 소분한 뒤 동글납작하게 빚고 젓가락을 이용하여 가운데 구멍을 뚫어준다.
6. 후라이팬에 기름을 넣고 90℃ 정도로 달군 다음 반죽이 붙지 않게 간격을 두고 넣어준다.
7. 반죽이 떠오르면 불 세기를 높여 기름온도 140℃ 정도에서 노릇하게 튀겨준다. 튀긴 후 색이 진해지므로 원하는 색보다 조금 연할 때 꺼낸다.
8. 튀겨진 개성주악은 체에 밭쳐 기름을 제거한 다음 만들어 둔 집청에 넣어 속까지 스며들게 해준다.
9. 집청된 개성주악은 대추와 호박씨로 고명을 올리고 접시에 담아 완성한다.

Chapter 11. 부풀려서 찌는 떡

증편

재료

- 멥쌀가루 ······················· 10컵
- 소금 ···························· 1큰술
- 설탕 ······························ 1컵
- 미지근한 물 ····················· 1.5컵
- 생막걸리 ·························· 1컵
- 식용유 ························· 1작은술

만드는 법

1 멥쌀가루에 소금을 넣는다.
2 막걸리에 설탕을 넣는다.
3 체에 친 멥쌀가루에 2)의 재료들을 넣는다.
4 재료들이 섞이도록 저어준 다음
  - 1차 발효(5시간) 이후 주걱으로 가스를 뺀다.
  - 2차 발효(2시간) 이후 주걱으로 섞어 가면서 가스를 빼준다.
5 2차 발효까지 마친 증편반죽은 증편틀에 약간의 기름을 바르고 작은 숟가락으로 반죽을 틀의 60%만 채워 담는다.
6 틀에 담은 반죽들은 찜기에 앉힌 다음 약불에서 20분 정도 3차 발효를 한 다음 강불에서 15분간 찐 다음 5분간 뜸을 들인다.
7 증편이 완성되어 식으면 틀에서 꺼낸다.
8 완성된 증편에 말린 꽃잎 등으로 장식을 한다.
9 증편 장식으로는 흑임자나 대추꽃을 사용하기도 한다.

Chapter 11. 부풀려서 찌는 떡

보리증편

재 료

- 보리떡용 가루 ························ 5컵
- 소금 ································· 1큰술
- 우유 ································ 1/2컵
- 생막걸리 ···························· 1컵
- 완두콩 ······························ 60g
- 설탕 ································· 1컵
- 미온수 ····························· 1.5컵
- 올리브오일 ······················ 1작은술

만드는 법

1 보리떡가루를 계량한다.
2 막걸리에 설탕을 넣는다.
3 1), 2) 재료들과 미지근한 물을 넣고 반죽을 섞는다.
4 보리가루 반죽에 완두콩을 넣는다.
5 4)의 반죽에 완두콩을 넣고 잘 섞어준다.
6 머핀컵에 반죽을 60% 채운다.
7 찜기에 담고 20분 정도 찐 다음 5분 정도 뜸일 들인다.
8 완성된 보리 증편를 식힌다.
9 식힌 보리증편은 올리브 오일을 살짝 발라 완성한다.

Chapter 12. 단자류

삼색단자 (대추채, 밤채, 석이채)

재 료

- 찹쌀가루 ········· 200g
- 소금 ············· 2g
- 밤 ·············· 5개
- 대추 ············· 5개
- 석이 ············· 5g
- 꿀 ·············· 10g

만드는 법

1 찹쌀가루에 물을 넣어 수분을 주고 비벼 섞고 체에 내린 가루에 설탕을 넣어 섞는다.
2 찜기에 실리콘을 깔고 설탕을 조금 뿌린 후 쌀가루를 안친다.
3 찜기에 면보를 덮고 김 오른 물솥에 얹어 15~20분 정도 찐다.
4 실리콘을 제거해준다.
5 방망이로 익힌 찹쌀을 치댄다.
6 밤, 대추, 석이를 곱게 채 썰어준다.
7 찹쌀을 한입 크기로 만들어 꿀을 묻힌다.
8 꿀을 묻힌 떡에 채 썬 재료를 각각 묻혀준다.

Chapter 12. 단자류
쑥굴레

재 료

- 찹쌀가루 ·················· 200g
- 소금 ························ 2g
- 설탕 ······················ 20g
- 쑥가루 ····················· 10g

- 거피팥고물 ·················· 100g

만드는 법

1. 쌀가루에 쑥가루와 소금을 넣는다.
2. 쌀가루에 물을 넣고 손으로 비벼 고루 섞는다.
3. 찜기에 실리콘을 깔고 그 위에 설탕을 뿌려준다.
4. 찜기에 준비한 쌀가루를 넣고 안친다.
5. 찜기에 면보를 덮고 김 오른 물솥에 얹어 15~20분 정도 찐다.
6. 쪄낸 떡을 비닐 위에 올려 잘 치댄다.
7. 거피팥 고물을 네모지게 만든다.
8. 찹쌀떡을 올리고 그 위에 다시 거피팥을 다시 올려준 후 적당한 크기로 잘라 마무리한다.

Chapter 13. 개피떡류
개피떡

재 료

- 멥쌀가루 ·············· 200g
- 소금 ···················· 2g
- 쑥가루 ·················· 10g
- 식용유 ·················· 조금

소
- 동부고물 ·············· 100g
- 꿀 ······················· 10g

만드는 법

1 쌀가루에 쑥가루와 소금을 넣고 물을 넣고 손으로 비벼 고루 섞는다.
2 찜기에 준비한 반죽을 넣고 안친다.
3 찜기에 면보를 덮고 김 오른 물솥에 얹어 15~20분 정도 찐다.
4 쪄낸 떡을 비닐 위에 올리고 반죽을 방망이로 친다.
5 밀대로 반죽을 밀어 준다.
6 동부고물에 꿀을 넣어 섞어 적당한 크기의 소를 만든다.
7 반죽에 소를 올리고 반으로 접어준다.
8 접은 반죽에 떡틀을 이용해 바람이 들어간 상태로 찍어주고 접시에 올려 마무리한다.

Chapter 13. 개피떡류

고깔떡

통팥 앙금을 넣은 고깔 모양의 떡이다.

재료

- 멥쌀가루 ······························· 300g
- 소금 ··································· 3g
- 백련초가루 ····························· 1g
- 단호박가루 ····························· 1g
- 통팥앙금 ······························· 90g

만드는 법

1 쌀가루에 소금을 넣고 체에 내린 다음 쌀가루가 잘 뭉쳐지도록 물을 충분히 넣어 수분을 맞춘다.
2 찜기에 젖은 면보를 깔고 떡이 붙지않도록 설탕을 조금 뿌린 후 쌀가루를 올려준다.
3 김 오른 솥에 얹어 20분 찐다.
4 소로 넣을 팥앙금을 7g씩 소분하여 준비해둔다.
5 떡이 다 쪄지면 기름 바른 매트 위에서 떡이 매끈해질 때까지 잘 치댄 후 백련초가루, 단호박가루도 넣어 3색의 반죽을 만든다.
6 반죽을 4mm 정도 두께로 밀어 사각틀을 이용해 정사각형으로 반죽을 찍는다.
7 반죽 가운데 소를 놓고 반으로 접어 가장자리를 잘 붙여준다.
8 떡의 양 옆의 반죽을 동그랗게 말아 붙여 고깔모양을 만든다.
9 다른 색깔의 반죽을 모양틀로 찍어 고명을 붙여주고 색깔별로 고깔떡을 만들어 완성한다.

Chapter 13. 개피떡류
꽃산병

재 료

- 멥쌀가루 ·································· 300g
- 소금 ··· 3g
- 녹차가루 ······································ 1g
- 단호박가루 ·································· 1g
- 백련초가루 ·································· 1g
- 통팥앙금 ···································· 90g

만드는 법

1. 쌀가루에 소금을 잘 섞고 중간 체에 내린 뒤 잘 뭉쳐지도록 물을 넣고 수분을 맞춘다.
2. 찜기에 젖은 면보를 깔고 떡이 붙지않도록 설탕을 조금 뿌린 후 쌀가루를 올려 20분 쪄준다.
3. 떡이 다 쪄지면 기름바른 매트위에서 떡이 매끈해질 때까지 잘 치댄다.
4. 흰색의 반죽을 4개로 소분하여 백련초가루, 녹차가루, 단호박가루도 넣어 총 4색의 반죽을 만든다.
5. 반죽은 30g씩 나누고 팥앙금은 7g씩 나누어 준비한다.
6. 떡 반죽을 동그랗게 빚고 가운데 구멍을 만들어 소를 넣고 다시 반죽을 붙여 잘 마무리해준다.
7. 다른 색깔 반죽을 조금씩 떼어 떡살 위에 모양대로 놓고 소를 넣은 흰색 반죽을 그 위에 올린다.
8. 반죽이 아래로 오도록 뒤집어 떡살로 눌러 모양이 잘 나오게 찍는다.
9. 색깔별로 모양을 만들어 완성한다.

Chapter 14. 떡케이크

앙금플라워 떡케이크1(떡)

재료

떡
- 멥쌀가루 ························ 320g
- 흑임자가루 ······················ 30
- 소금 ···························· 4g
- 설탕 ··························· 35g

앙금커버용
- 백앙금 ······················· 적당량
- 여러 가지 식용색소

만드는 법

1 쌀가루에 소금, 흑임자가루를 넣고 적당량의 물을 주어 촉촉하게 수분을 맞춘다.
2 중간체에 2회 내린다.
3 설탕을 넣고 잘 섞어준다.
4 찜기에 원형틀을 넣고 쌀가루를 고루 채운 후 스크래퍼로 윗면을 평평하게 정리한다.
5 원형틀을 제거하고 김 오른 솥에 얹어 20분 찐다.
6 다 쪄진 떡을 꺼내어 접시에 담고 마르지 않도록 젖은 면보를 덮어 식혀준다.
7 떡 윗면을 커버할 앙금반죽에 원하는 색을 넣어 조색한다.
8 원하는 색이 나오도록 색소를 가감하여 잘 섞어준다.
9 떡 가장자리에 무스띠를 두르고 윗면에 조색한 앙금을 올려 채우고 윗면을 잘 정리한다.

Chapter 14. 떡케이크

앙금플라워 떡케이크1 (꽃)

재 료

앙금플라워
- 백앙금 ································· 320g
- 여러 가지 식용색소

만드는 법

1 꽃을 만들 앙금에 원하는 색을 넣어 조색한다.
2 짤주머니에 기둥(원형 5번), 꽃잎(102번), 수술(원형 2번)용 깍지를 각각 끼우고 색깔앙금을 채운다.
3 꽃받침 위에 높이 2센티 정도로 동글납작한 기둥을 짠다.
4 깍지의 뾰족한 부분이 아래로 가게 짤주머니를 잡은 뒤, 짤주머니를 짜면서 동시에 깍지를 살짝 위로 올렸다가 내려 동그란 꽃잎을 짠다.
5 5장의 꽃잎을 짠 뒤 수술용 깍지로 꽃잎 가운데 수술을 짠다. 짤주머니를 누르면서 수직으로 위로 올렸다가 손에 힘을 빼주면 긴 수술모양이 된다.
6 완성된 매화꽃은 꽃가위를 이용해 꽃받침에서 떼어내어 접시에 담는다.
7 같은 방법으로 떡 위에 올릴 양만큼 여러 개의 꽃을 만든다.
8 갈색앙금을 조금 조색하여 원형 5번 깍지를 끼운 짤주머니에 넣고 준비한 떡위에 나뭇가지 모양으로 그린다.
9 가지 위에 만든 꽃을 자연스럽게 올려 완성한다.

Chapter 14. 떡케이크
앙금플라워 떡케이크2 (떡)

재료

떡
- 멥쌀가루 ·················· 350g
- 단호박 ·················· 120g
- 소금 ·················· 3g
- 설탕 ·················· 35g

앙금커버용
- 백앙금 ·················· 적당량
- 여러 가지 식용색소

만드는 법

1. 쌀가루에 소금을 넣고 잘 섞는다.
2. 단호박은 씨와 껍질을 제거하고 김 오른 솥에 올려 15분 이상 쪄서 식혀준다.
3. 쌀가루에 식은 단호박을 넣어 수분을 맞춘다.
4. 중간체에 2회 내린다.
5. 찜기에 원형틀을 넣고 쌀가루를 고루 채운 후 스크래퍼로 윗면을 평평하게 정리한다.
6. 원형틀을 제거하고 김 오른 솥에 얹어 20분 찐다.
7. 다 쪄진 떡을 꺼내어 접시에 담고 마르지 않도록 젖은 면보를 덮어 식혀준다.
8. 떡을 커버할 앙금반죽에 원하는 색을 넣어 조색한다.
9. 전체적으로 앙금을 바르고 자연스럽게 바른 결이 보이도록 정리해준다.

Chapter 14. 떡케이크
앙금플라워 떡케이크 2 (꽃)

재 료

앙금플라워
- 백앙금 ·································· 450g
- 여러 가지 식용색소

 만드는 법

1. 초록색, 보라색(스카비오사), 분홍색(스카비오사), 연한초록(스카비오사 수술), 흰색(마트리카리아), 노란색(마트리카리아 수술) 을 조색한다.
2. 스카비오사(124k), 수술(원형 12번), 마트리카리아(102번), 마트리카리아수술(23번) 깍지를 각각 짤주머니에 넣고 앙금도 각각 채운다.
3. 먼저 꽃받침 위에 마트리카리아를 짜기 위한 높이 2cm 정도의 짧고 굵은 기둥을 짠다.
4. 102번 깍지의 뾰족한 부분이 아래로 오도록 하고 위치는 기둥 가운데 놓이도록 짤주머니를 잡는다. 손에 힘을 주어 짜면서 동시에 깍지를 위로 올렸다 내리면서 둥근 꽃잎을 7~8장 짠다.
5. 23번 수술 깍지를 꽃가운데 놓고 짤주머니에 힘을 주었다 빼면서 짧게 여러 번 짜서 꽃을 완성한다.
6. 스카비오사 꽃을 짜기 위해 먼저 초록색으로 직경 3cm 정도로 통통하고 튼튼한 기둥을 짠다.
7. 124k 깍지를 넣은 짤주머니를 뾰족한 부분이 아래로 오도록 잡고 손에 힘을 주어 짜면서 왼손으로 꽃받침을 돌리면서 주름이 잡히도록 꽃잎을 한 장씩 짠다. 간격을 주면서 몇장 더 짠다.
8. 꽃 가운데 초록색 수술을 동그랗게 짠 후 꽃을 완성하고 같은 방법으로 떡 위에 올릴만큼 여러개 짠다.
9. 만든 꽃을 모양과 색의 조화를 보아가며 자연스럽게 떡 위에 올려 떡케이크를 완성한다.

Chapter 14. 떡케이크
앙금보자기 떡케이크

재료

떡
- 멥쌀가루 ······················· 400g
- 소금 ································· 4g
- 설탕 ······························· 40g

앙금보자기
- 춘설앙금 ························· 20g
- 박력분 ···························· 18g
- 박력쌀가루 ······················ 50g

- 식용유
- 여러 가지 식용색소

만드는 법

1. 쌀가루에 소금을 넣고 물을 넣어 수분을 맞추고 체에 두번 내린 다음 설탕을 섞는다.
2. 찜기에 사각틀을 넣고 안에 쌀가루를 채운 다음 김 오른 솥에 얹어 20분간 찐 후 꺼내어 식힌다.
3. 앙금보자기용 재료를 모두 섞고 가루가 보이지 않을 때까지 잘 치댄다.
4. 앙금반죽을 여러 덩이로 나누어 비슷한 두께로 만든 다음 김 오른 솥에 얹어 25분 찐다.
5. 실리콘 매트에 식용유를 바르고 쪄진 반죽을 꺼내어 매끈하게 치댄 뒤 원하는 색을 넣어 리본(100g)과 보자기용(나머지) 2가지 색으로 조색을 한다.
6. 보자기용 반죽을 4등분 한 뒤 차례대로 밀어서 밑변 25cm, 윗변 20cm, 높이 25cm 정도의 사다리꼴 모양으로 자른다.
7. 반죽이 떡의 옆면과 윗면이 덮이도록 차례대로 모두 떡을 감싸준다.
8. 리본용 반죽으로 리본 2개와 정사각 매듭을 만든다.
9. 보자기 모양으로 감싼 떡 위에 리본매듭 반죽을 얹어 보자기 떡케이크를 완성한다.

Chapter 14. 떡케이크

블루베리 무스 떡케이크

 재 료

떡
- 멥쌀가루 ·· 400g
- 소금 ·· 4g
- 설탕 ·· 40g
- 멥쌀가루(절편용) ······························· 100g
- 쑥가루(절편용) ································· 조금
- 치자가루(절편용) ······························ 조금

블루베리무스
- 블루베리 ··· 120g
- 설탕 ·· 58g
- 한천가루 ··· 7g
- 물 ·· 1컵

- 청포녹말물 ············· 녹말 9g+물 2큰술
- 물엿 ·· 17g
- 소금 ·· 1g

만드는 법

1. 블루베리는 무스에 들어가는 설탕의 1/2을 넣고 5분 정도 끓인 뒤 체에 걸러 즙과 과육을 분리한다.
2. 쌀가루에 소금을 넣고 체에 내린 다음 반으로 나눈다.
3. 쌀가루의 반은 물로 수분을 주고 체에 내린 뒤 설탕을 섞고 나머지 쌀가루 반은 블루베리즙 1큰술을 넣고 색을 내어 물로 수분을 맞춘 뒤 체에 내려 설탕을 섞어준다.
4. 찜기에 원형 링을 놓고 흰쌀가루, 블루베리 과육, 블루베리 쌀가루를 차례로 앉힌다.
5. 솥에 김이 오르면 찜기를 올리고 20분 이상 찐다.
6. 냄비에 남은 블루베리과즙과 남은 설탕, 한천가루, 물, 물엿을 넣고 5분 정도 끓으면 녹말물을 넣고 투명하게 엉기도록 끓여 무스를 만든다.
7. 잘 쪄진 떡은 꺼내어 한김 식으면 가장자리에 투명무스띠를 두르고 그 위에 준비된 무스를 부어 식힌다.
8. 절편용 쌀가루를 3등분 하여 치자물, 쑥가루를 넣고 흰색까지 총 3색의 절편떡을 쪄서 준비한다.
9. 절편떡으로 카라꽃을 만들어 무스를 올린 블루베리떡 위에 올려준다.

Chapter 14. 떡케이크

녹차 떡케이크

재료

- 멥쌀가루 ······················ 5컵
- 소금 ······················ 1작은술
- 설탕 ······················ 1작은술
- 물 ······················ 110g
- 잣 ······················ 2큰술
- 대추 ······················ 5개
- 녹차가루 ······················ 2큰술

만드는 법

1. 멥쌀가루, 소금, 설탕를 넣는다.
2. 1)에 녹차가루를 넣는다.
3. 잣가루를 넣는다.
4. 준비된 가루들을 체에 내린다.
5. 체에 내린 쌀가루에 설탕을 섞는다.
6. 찜기에 모양틀을 얹고 준비된 가루들을 앉힌다.
7. 건대추는 씨를 빼고 곱게 채를 썬다.
8. 채 썬 대추와 잣으로 고명을 얹고 25분 정도 찐 다음 5분 정도 뜸을 들인다.
9. 떡이 식으면 모양틀을 빼고 완성한다.

제3부.
한식 디저트

제1장 한과류 … 116

제2장 음청류 … 143

Chapter 1. 한과류
강란

재 료

- 생강 ········· 100g
- 설탕 ········· 50g
- 물 ········· 1/2컵
- 물엿(꿀) ········· 1/2컵
- 잣 ········· 1/3컵

만드는 법

1 생강은 깨끗이 씻어 껍질을 벗기고 강판에 곱게 간다.
2 1)을 물에 헹구어 매운맛을 우려내고 건더기는 체에 밭쳐 주고 생강 물은 가라앉혀 녹말 앙금을 만들고 윗물은 따라 낸다.
3 냄비에 생강 건더기, 설탕물을 넣어 끓인 다음 약불로 낮추어 거품을 걷어가며 더 끓인다.
4 3)이 거의 졸여지면 물엿(꿀), 녹말 물(녹말앙금 1t + 물 1t) 넣고 중불에서 졸인 후 식힌다.
5 잣은 고깔을 따고 도마 위에 깨끗한 종이를 깔고 잣을 올려 곱게 다진다.
6 생강 반죽을 밤톨만 하게 떼어 뿌리 세 개 난 것처럼 빚어 잣가루를 입혀 낸다.

Chapter 1. 한과류

조란

재 료

- 대추 ·················· 10개
- 꿀 ··················· 1큰술
- 설탕 ·················· 2큰술
- 물 ··················· 2/3컵
- 잣 ··················· 1큰술
- 계핏가루

만드는 법

❶

❷

❸

❹

1. 대추는 씻어 김이 오른 찜통에 15분 정도 살짝 찐다.
2. 씨를 발라내고 곱게 다진다.
3. 냄비에 물, 설탕, 꿀을 넣어 끓으면 다진 대추를 넣고 나무 주걱으로 저으면서 수분이 완전히 없어질 때까지 은근히 5분 정도 조린 후 계핏가루를 넣고 식힌다.
4. 조린 대추를 원래의 대추 모양으로 빚어서 꼭지 부분에 통잣을 끼워 반쯤 나오게 한다.
5. 잣 박힌 쪽을 위로 향하도록 하여 그릇에 담는다.

Chapter 1. 한과류

율란

재료

- 밤 ·················· 7~10개
- 계핏가루
- 꿀 ·················· 1T
- 잣 ·················· 1T

만드는 법

1. 밤은 껍질을 제거하여 끓는 물에 푹 삶는다.
2. 삶은 밤은 체에 내린다.
3. 체에 내린 밤은 계핏가루를 넣고 꿀로 농도를 맞추면서 반죽을 만든다.
4. 반죽을 뭉쳐 원래 밤 모양으로 만든다.
5. 빚어 놓은 반죽은 밑동에 꿀을 약간 묻힌다.
6. 잣은 고깔을 떼고 키친타올 속에 넣어 밀대로 밀고 다시 칼로 곱게 다져 잣가루를 만든다. 꿀을 바른 반죽에 잣가루를 묻혀 담아낸다.

Chapter 1. 한과류

대추초

재 료

- 대추 ······················ 20개
- 꿀 ······················· 3큰술
- 물 ······················· 2큰술
- 잣 ······················· 2큰술
- 계핏가루 ················ 1/2작은술

만드는 법

1 대추는 젖은 면보로 닦아 먼지를 제거하고 씨를 제거한 다음 찜기에 5분 정도 찐다.
2 쪄낸 대추를 청주에 2시간 정도 담구어 둔다.
3 청주, 물을 넣고 끓인다.
4 3)에 꿀을 넣는다.
5 4)에 계핏가루를 넣는다.
6 중불에서 조리듯이 끓여준다.
7 대추에 윤기가 날 때까지 조린다.
8 조려서 식힌 대추에 잣을 넣고 돌돌 만다.
9 돌돌말은 대추의 앞뒤로 통잣을 끼워 완성한다.

Chapter 1. 한과류

밤초

재료

- 생밤 ················· 10개
- 물 ·················· 200g
- 설탕 ················· 50g
- 소금 ················· 한꼬집

집청
- 치자가루 ············· 한꼬집
- 물엿 ················· 15g
- 꿀 ··················· 15g

만드는 법

1 밤은 속껍질까지 깨끗이 벗겨 준비한다.
2 생밤은 약간의 소금을 넣어 5분정도 삶아낸다.
3 냄비에 물, 설탕을 넣는다.
4 3)에 치자가루를 넣는다.
5 삶은 밤과 물엿을 넣고 중불에서 졸인다.
6 시럽이 졸아들면 꿀을 넣어 완성한다.
7 시럽에 졸여낸 밤을 접시에 완성한다.
8 시럽에 졸여낸 밤을 접시에 담아 잣가루를 뿌려 내기도 한다.

Chapter 1. 한과류

잣구리

재료

- 찹쌀가루 8큰술
- 소금 1작은술

고물
- 잣 3큰술

깨소
- 깨 1큰술
- 꿀 1큰술
- 소금, 계핏가루

밤소
- 밤 1개
- 꿀 1/2작은술
- 소금, 계핏가루

만드는 법

1 찹쌀가루에 소금을 넣어 체에 내려 익반죽을 한다.
2 깨소는 계핏가루, 꿀, 소금을 넣어 소를 만들고, 밤소는 밤을 삶아서 체에 내려 계핏가루 꿀, 소금을 넣어 만든다
3 잣은 고깔을 떼고 마른 면보자기로 닦아 잣가루를 만든다.
4 반죽을 떼어 소를 각각 넣어 누에고치 모양으로 도톰하게 빚는다.
5 빚은 것을 끓는 물에 넣어 떠오르면 건져서 물기를 제거한다.
6 떡에 잣가루를 묻혀서 담아낸다.

Chapter 1. 한과류

계강과

계피와 생강을 넣어 만든 과자이다.

재 료

- 찹쌀가루 ················· 2/3컵
- 메밀가루 ················· 1/2컵
- 잣 ······························ 80g
- 계핏가루 ············· 1/2작은술
- 설탕 ······················· 2큰술
- 생강 ························· 2개
- 소금 ················· 1/2작은술
- 꿀 ·························· 3큰술
- 참기름 ············· 1작은술

만드는 법

① ② ③ ④

1. 생강은 껍질을 벗겨 곱게 다진다.
2. 찹쌀가루와 메밀가루는 섞어서 체에 내린다.
3. 2)에 설탕, 계핏가루, 다진 생강을 넣고 끓는 소금물 1~2큰술을 넣어 익반죽한다.
4. 3)의 반죽을 두께 1cm 정도로 길게 밀어 사방 4cm 크기의 삼각형으로 자른다.
5. 옆면을 눌러 세모 모서리에 뿔이 난생강 모양으로 빚는다.
6. 김이 오른 찜통에 젖은 면보자기를 깔고 15분 정도 찐다.
7. 잣가루는 고깔을 떼어 종이 위에 놓고 종이로 덮은 후 밀대로 밀어서 다시 칼날로 다진다.
8. 6)이 다 익으면 꺼내어 팬에 참기름을 두르고 앞, 뒤로 지져 낸다.
9. 지져낸 계강과에 꿀을 바르고 잣가루를 묻힌다.

Chapter 1. 한과류

도라지 정과

재료

- 통도라지 ················· 3뿌리
- 설탕 ···················· 50g
- 꿀 ······················ 1T
- 소금

만드는 법

①

②

③

④

1. 통도라지는 껍질을 벗겨 길이 5cm, 폭 1cm, 두께 0.6cm로 썰어 소금물에 씻어 쓴맛을 뺀 후, 끓는 물에 소금을 넣고 데쳐 찬물에 헹군다.
2. 끓는 물에 소금을 넣고 도라지를 30초간 데쳐 찬물에 헹군다.
3. 냄비에 물 1C, 설탕 1/2C을 넣고 끓이다가 도라지를 넣고 투명해질 때까지 졸이다가 꿀을 넣는다.
4. 시럽이 반 정도 졸여지면 체에 밭쳐 남은 시럽을 걸러주고 접시에 보기 좋게 담아낸다.

Chapter 1. 한과류

인삼편정과

재료

- 인삼(굵기 3센티 정도) ………… 3뿌리
- 소금 ……………………………… 1g
- 설탕 ……………………………… 30g
- 물 ………………………………… 1컵
- 물엿 ……………………………… 60g

만드는 법

1 인삼은 깨끗이 씻어 칼등으로 인삼 표면을 살살 긁어 껍질을 벗긴다.
2 7mm 정도의 두께로 편으로 썬다.
3 냄비에 인삼을 넣고 잠길 정도의 물을 넣어 투명할 때까지 익혀준다.
4 냄비에 익힌 인삼을 넣고 잠길 정도의 인삼 삶은 물을 붓는다.
5 분량의 설탕과 소금, 물엿의 반을 넣고 물이 거의 없어질 때까지 중약불에서 졸여준다.
6 나머지 물엿을 넣고 조금 더 끓여준다.
7 인삼이 투명하게 윤기나면 체에 걸러 남은 시럽을 제거한다.
8 거름망에 올려 약간 꾸덕해질 때까지 건조한 후 설탕을 뿌린다.
9 먹기 좋은 상태로 완전히 건조를 시켜 편정과를 완성한다.

Chapter 1. 한과류

연근정과

재 료

- 연근 ·················· 150g
- 식초 ·················· 1T
- 설탕 ·················· 1/2C
- 꿀 ·················· 2T
- 소금

시럽
- 물 ·················· 1/2C
- 설탕 ·················· 1/2C

만드는 법

1. 껍질을 벗긴 연근은 0.5~0.7cm 두께로 썰어 식초물에 담가둔다.
2. 끓는 물에 식초와 소금을 넣고 연근을 삶은 후 체에 밭쳐 찬물에 헹군다.
3. 냄비에 물 1C, 설탕 1/2C을 넣고 삶은 연근을 넣어 졸이다가 시럽이 거의 졸여지면 꿀 2T를 넣고 약한불에서 더 졸인다.
4. 졸여진 연근은 체에 밭쳐 남은 시럽을 걸러주고 접시에 담아낸다.

Chapter 1. 한과류

감자정과

재 료

- 감자 ·································· 200g
- 설탕 ·································· 1C
- 물엿 ·································· 3T
- 소금

만드는 법

① ② ③ ④

1. 감자는 껍질을 벗겨 0.3cm 두께로 일정하게 썬다.
2. 썰어둔 감자는 찬물에 담가 전분을 뺀다.
3. 전분을 뺀 감자는 끓는 물에 살짝 데친다.
4. 냄비에 물과 설탕을 넣어 끓이다가 끓기 시작하면 감자를 넣어 약불에서 졸인다.
5. 감자가 투명해지면 물엿을 넣는다.
6. 졸여진 감자는 체에 밭쳐 남은 시럽을 빼고 그릇에 담는다.

Chapter 1. 한과류

오미자 배 정과

재료

- 배 ·· 1개
- 건오미자 ·································· 1컵
- 오미자 우려내는 물 ················· 2컵
- 잣 ··· 1작은술
- 대추 ······································· 2개
- 설탕 ······································· 1큰술

시럽
- 물 ·· 1/2컵
- 설탕 ······································· 1큰술
- 물엿 ······································· 1큰술
- 꿀 ·· 1큰술

만드는 법

1. 건오미자를 깨끗이 씻어 하루 전에 생수에 담근다.
2. 배는 반달모양으로 썰어서 0.3cm~0.4cm 두께로 얇게 편으로 썰어서 찜기에 5분 정도 찐다.
3. 쪄낸 배는 전날 우려둔 오미자물에 담근다.
4. 오미자물에 4시간 이상 담근 후 꺼내서 설탕을 뿌려둔다.
5. 설탕에 당침한 배는 수분을 제거하기 위해 체에 받쳐 놓는다.
6. 체에 받쳐둔 배는 1시간 정도 건조시킨다.
7. 냄비에 오미자물, 물엿을 넣고 끓이다가 꿀을 마지막에 넣어 완성한다.
8. 시럽에 졸인 배를 건조기 온도 50~60도 에서 1시간 정도 말린 후 꼬지에 꽂는다.
9. 꼬지에 꽂아 꼬지 끝에 대추꽃과 통잣을 꽂아 완성한다.

Chapter 1. 한과류

섭산삼

재 료
- 더덕 ······························· 3뿌리
- 소금, 찹쌀가루, 식용유, 설탕

소금물
- 물 ································· 1컵
- 소금 ······························ 1작은술

초간장
- 간장 ······························ 1큰술
- 식초 ······························ 1/2큰술
- 설탕 ······························ 1작은술

만드는 법

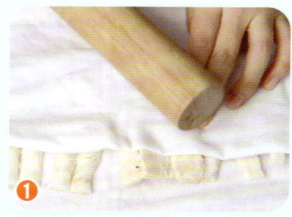
❶

❷

❸

1 더덕은 껍질을 벗기고 길게 반으로 펼쳐 갈라 소금물에 담가 쓴맛을 우려낸 후, 방망이로 자근자근 두들겨 펴준다.

2 찹쌀가루는 체에 내려서 더덕에 찹쌀가루를 골고루 묻혀서 둔다.

3 160℃ 기름에 찹쌀가루를 입힌 더덕을 하얗고 바삭하게 튀겨서 설탕을 뿌려서 낸다.

Chapter 1. 한과류

호두강정

- 호두 ·················· 250g
- 소금 ·················· 한꼬집
- 설탕 ·················· 80g
- 물 ·················· 100ml
- 올리고당 ·················· 2큰술

만드는 법

1. 호두를 흐르는 물에 씻어 불순물을 제거한다.
2. 궁중팬에 물을 넉넉히 넣고 끓으면 호두를 넣어 한번 튀한 후 흐르는 물에 씻어 물기를 제거한다.
3. 팬에 호두와 나머지 재료를 모두 넣고 센불에서 끓인다.
4. 설탕이 녹으면 중불로 줄이고 호두에 윤기나게 시럽이 고루 코팅되도록 계속 저어가며 졸인 다음 시럽이 조금 남았을 때 체에 걸러 여분의 시럽을 제거한다.
5. 튀김기름이 140℃ 정도로 달궈지면 호두를 넣어준다.
6. 고루 색이 나도록 저어가며 튀겨준다.
7. 호두가 노릇한 색이 나도록 튀겨졌으면 체에 받쳐 기름을 제거한다. 호두는 튀긴 후 색이 조금 더 진해지므로 원하는 색보다 조금 연할 때 꺼내는 것이 좋다.
8. 넓은 접시에 호두를 하나씩 떼어내어 펼쳐 식힌다.
9. 호두강정은 식어야 더 바삭하게 먹을 수 있다.

Chapter 1. 한과류

깨엿강정

강정
- 흰깨(모자이크용)·················· 1/4컵
- 호박씨 ······························· 1/4컵
- 흰깨 ································· 3/4 컵
- 식용유

시럽
- 물(시럽용)························· 1큰술
- 설탕(시럽용)······················ 1/4컵
- 물엿(시럽용)······················ 3/4컵

만드는 법

1. 냄비에 시럽 재료를 넣고 설탕이 녹을 때까지 끓여준 다음 불을 끈다.
2. 궁중팬에 1~2큰술의 시럽을 넣고 바글바글 끓으면 다진 호박씨 1/4컵을 넣고 엉길때까지 잘 버무려준다.
3. 강정틀에 비닐을 깔고 강정이 붙지 않도록 식용유를 바른 다음 시럽에 버무린 호박씨를 올려 네모나게 만든다.
4. 궁중팬에 1~2큰술의 시럽을 넣고 끓으면 비트가루 1작은술, 모자이크용 흰깨 1/4컵을 넣고 잘 버무린 뒤 호박씨와 같은 방법으로 모양을 만든다.
5. 호박씨와 붉은 깨 강정을 길게 잘라 각각 2개의 긴 막대모양으로 만들고 각각 엇갈리에 놓아 모자이크 모양으로 만든다.
6. 궁중팬에 시럽 3큰술 정도를 넣고 흰깨 3/4컵을 넣어 엉기도록 잘 버무린다.
7. 식용유를 바른 비닐 위에 엉긴 흰깨를 놓고 모자이크강정이 감싸질 정도의 길이로 밀어준다.
8. 흰깨강정 위에 모자이크강정을 올려 잘 말아준다.
9. 적당한 두께로 자른 뒤 접시에 담아 완성한다.

Chapter 1. 한과류

쌀엿강정

재료

강정
- 멥쌀 1컵
- 소금 .... 약간
- 유자청 1큰술
- 치자물 1즈은술
- 분태땅콩 2큰술
- 식용유

시럽
- 물 (시럽용) 1큰술
- 설탕 (시럽용) 1/4컵
- 물엿 (시럽용) 3/4컵

만드는 법

1. 궁중팬에 쌀의 6배 정도의 물을 넣고 끓으면 잘 씻은 깨끗한 쌀을 넣어준다.
2. 쌀이 눋지않도록 잘 저어가며 쌀알이 잘 익을 때까지 끓여준다.
3. 익은 쌀은 여러번 찬물로 헹구어 물기를 제거하고 작은 구멍이 뚫린 채반이나 실리콘뽕뽕이 위에 잘 펼쳐서 완전하게 말려준다.
4. 궁중팬에 기름을 200~220℃ 정도로 달구어 잘 마른 강정용 쌀을 넣어 하얗게 튀겨낸 다음 키친타올 위에 올려 기름을 제거한다.
5. 팬에 1/2컵 정도의 시럽, 유자청, 치자물을 넣고 끓인다.
6. 잠시 후 시럽이 바글바글 끓으면 튀긴 쌀 5컵, 분태땅콩을 넣고 잘 엉기도톡 버무려준다.
7. 강정틀 위에 비닐을 깔고 강정이 붙지 않게 식용유를 바른 다음 버무린 튀긴 쌀을 넣고 틀에 맞게 밀대로 밀어준다.
8. 비닐을 제거하고 원하는 크기로 자른다.
9. 강정은 기온이 높거나 습할 때는 눅눅해질 수 있으니 냉장 또는 냉동 보관하는 것이 좋다.

Chapter 1. 한과류
약과

재료

- 중력분 ··················· 300g
- 흰후추 ··················· 1/2작은술
- 계핏가루 ················· 1/2작은술
- 참기름 ··················· 10g
- 식용유 ··················· 40g

- 꿀 ······················· 50g
- 생강즙 ··················· 22g
- 청주 ····················· 63g
- 소금 ····················· 1/3작은술

집청
- 조청 ····················· 600g
- 생강 ····················· 5g
- 통계피 ··················· 7g

만드는 법

1 볼에 밀가루, 계핏가루, 후추가루를 담고 참기름과 식용유를 섞은 것을 넣어 잘 섞어준다.
2 가루에 기름이 잘 섞이도록 비벼준 후 중간체에 한 번 내린다.
3 꿀, 생강즙, 청주, 소금을 잘 섞어 체에 내린 밀가루에 넣고 가루가 보이지 않도록 고루 섞어준다.
4 반죽이 한 덩어리가 되도록 만든다. 이때 너무 치대지 말고 글루텐이 최대한 생기지 않도록 한다.
5 반죽을 밀고 접기를 3~4번 정도 반복한 후 마지막은 1cm 정도 두께가 되도록 밀어준다.
6 여러 가지 모양틀을 이용해 반죽을 찍어준다.
7 100℃ 정도로 달구어진 기름에 반죽을 넣고 떠오르면 140℃ 정도로 온도를 올려 노릇하게 될 때까지 튀겨준다.
8 집청 재료를 끓여 준비하고 튀겨진 약과는 꺼내어 기름을 제거하고 뜨거울 때 집청한다.
9 집청이 스며든 약과는 꺼내서 남은 집청을 체에 걸러 제거하고 잣, 대추 등으로 고명을 올린 뒤 접시에 담아 완성한다.

Chapter 1. 한과류

모약과

재 료

- 밀가루(박력분) ·················· 1컵
- 설탕시럽 ························ 2큰술
- 참기름 ·························· 2큰술
- 꿀 ······························ 1큰술
- 청주 ···························· 1큰술

- 생강즙 ·························· 1큰술
- 대추 ···························· 1개
- 잣 ······························ 5g
- 흰 후추, 계핏가루, 고운 소금

집청
- 물 ······························ 1컵
- 설탕 ···························· 1컵
- 물엿 ···························· 1큰술

만드는 법

1. 밀가루를 체에 내린 다음 소금, 흰후춧가루, 계핏가루를 섞은 후 참기름을 넣으면서 손으로 고루 비벼 다시 한번 더 체에 내린다.
2. 청주, 시럽을 1)의 밀가루에 넣고 고루 섞어 뭉치듯이 반죽하여 2~3겹 정도 밀어준다.
3. 2)의 반죽을 3.5cm×3.5cm×1cm 크기로 썰고, 가운데 꼬챙이로 찔러 준다.
4. 100~140℃의 중불에서 모약과를 서서히 튀기면서 겉이 타지 않고 갈색이 나면, 140℃에서 속까지 잘 익게 한 번 더 튀긴다.
5. 대추는 돌려 깎아 말아서 얇게 채 썰고, 잣은 비늘잣으로 썰고, 집청 시럽을 끓여 만든다.
6. 모약과를 5)의 집청에 담구었다가 건져 그릇에 담고, 비늘잣과 대추꽃을 고명해서 올린다.

Chapter 1. 한과류

개성우메기 (주악)

재 료

- 찹쌀가루 ·············· 1컵
- 멥쌀가루 ·············· 1/3컵
- 설탕 ················ 1작은술
- 소금 ·················· 약간
- 막걸리 ················ 2큰술
- 식용유

집청
- 조청 ················ 1/2컵
- 물

만드는 법

1. 찹쌀가루와 멥쌀가루를 혼합하여 소금을 넣고 체에 내린 다음 설탕을 넣어 체에 내린다.
2. 1)의 가루에 중탕한 막걸리를 넣어 버무려 잘 치댄 후 젖은 면보자기로 덮어 20분 정도 둔다.
3. 찹쌀반죽을 지름 5cm×두께 2cm 크기로 둥글게 빚은 다음 집청 시럽을 만든다.
4. 150℃ 기름에서 노릇노릇하게 지진다.
5. 튀겨진 우메기를 건져서 기름을 빼고 집청 시럽에 담갔다가 건진다.
6. 적당한 크기의 대추를 가운데에 고명으로 올린다.
   (대추는 돌려 깎아 대추 꽃을 만들어 잘라 고명으로 사용한다)

Chapter 1. 한과류

매작과

재 료

- 밀가루 (중력분) ·················· 50g
- 생강 ······························· 10g
- 식용유 ···························· 300ml
- 소금 (정제염) ···················· 5g
- 백설탕 ···························· 40g
- 잣 (간 것) ························ 5개
- A4 용지 ··························· 1장

만드는 법

1 밀가루 6큰술을 체에 내리고, 생강즙 2큰술을 만든다.
2 밀가루 6큰술, 생강즙 2큰술, 식용유 1작은술, 소금을 넣어 반죽을 하고 잣을 다진다.
3 냄비에 물 3큰술과 설탕 3큰술을 혼합하여 중불에서 은근하게 끓여 시럽을 완성한다.
4 숙성된 매작과 반죽을 0.2cm 두께로 밀고 2cm 가로, 5cm 세로로 10개를 썬다.
5 반을 접어 세 곳에 칼집을 넣고 뒤집기를 하여 매작과 모양을 만든다.
6 팬에 식용유를 넣어 매작과를 튀겨낸 뒤 시럽을 바르고 잣가루를 뿌려낸다.

Chapter 1. 한과류
과편

재료

포도 과편
- 포도 ················· 100g
- 설탕 ················· 1/2컵
- 녹두 녹말가루 ········· 1/2컵
- 소금 ················· 약간
- 물 ··················· 2컵

딸기 과편
- 딸기 ················· 100g
- 설탕 ················· 1/2컵
- 녹두 녹말가루 ········· 1/2컵
- 소금 ················· 약간
- 물 ··················· 2컵

오렌지 과편
- 오렌지 ··············· 100g(1/2개)
- 설탕 ················· 1/2컵
- 녹두 녹말가루 ········· 1/2컵
- 소금 ················· 약간
- 물 ··················· 2컵

만드는 법

  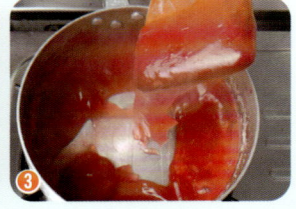

1. 포도알을 떼어 내어 물을 2컵 부어 끓여서 체에 걸러 포도주스 2컵을 만든다.
2. 식은 과즙 1컵에 녹말가루를 넣어 혼합하여 체에 걸러둔다. 과즙 1컵, 설탕, 소금 약간을 넣어 끓이다가 녹말물을 조금씩 부어 가면서 나무주걱으로 저어가며 서서히 중불에서 끓인다.
3. 오렌지는 껍질을 벗겨내고 물 2컵을 부어 끓여서 체에 받쳐 오렌지주스 2컵을 만든다.
4. 식은 과즙 1컵에 녹말가루를 넣어 혼합하여 체에 걸러둔다. 과즙 1컵, 설탕, 소금 약간을 넣어 끓이다가 녹말물을 조금씩 부어 가면서 나무주걱으로 저어가며 서서히 중불에서 끓인다.
5. 딸기는 꼭지를 떼어내고 물 2컵을 부어 끓여서 체에 받쳐 딸기주스 2컵을 만든다.
6. 식은 과즙 1컵에 녹말가루를 넣어 혼합하여 체에 걸러둔다. 과즙 1컵, 설탕, 소금 약간을 넣어 끓이다가 녹말물을 조금씩 부어가면서 나무주걱으로 저어가며 서서히 중불에서 끓인다.
7. 2), 4), 6)이 투명해지고 윤기와 끈기가 생겨 뚝뚝 떨어지는 정도가 되면 접시나 사각쟁반에 부어 실온에서 굳힌다.
8. 각 편을 가로 4cm×두께 0.7cm×세로 2cm로 썰어 3색을 보기 좋게 담아낸다.

Chapter 1. 한과류

커피양갱

재 료

- 춘설앙금 ·········· 500g
- 한천가루 ·········· 11g
- 소금 ·········· 1/3작은술
- 커피가루 ·········· 6g
- 설탕 ·········· 30g
- 물엿 ·········· 48g
- 밤 다이스 조림 ·········· 100g

만드는 법

1 두 컵의 물에 한천을 30분 정도 불린다.
2 넓은 팬에 한천가루 불린 물을 넣고 불에 올려 한천이 녹을 때까지 끓인다.
3 한천이 녹았으면 커피가루, 설탕을 넣는다.
4 설탕이 녹고 커피가루가 잘 풀릴 때까지 저어가며 끓여준다.
5 앙금을 넣은 뒤 앙금이 풀어지고 윤기가 날 때까지 계속 저어가며 중불에서 끓인다.
6 물기를 제거한 밤 조림을 넣는다.
7 앙금이 눋지 않게 계속 저어가며 윤기가 나도록 2~3분 정도 더 끓인다.
8 양갱이 잘 떨어지도록 틀을 물로 한 번 헹군 후 양갱을 채워준다.
9 양갱이 굳으면 틀에서 제거한 후 접시에 담아 완성한다.

Chapter 1. 한과류

편강

재료

- 생강 ················· 200g
- 물 ················· 1/2C
- 설탕 ················· 1/2C

만드는 법

1. 껍질을 벗긴 생강은 0.2cm 두께의 편으로 썬다.
2. 편으로 썬 생강은 끓는 물에 투명해질 때까지 삶는다.
3. 끓인 생강은 체에 받쳐 찬물에 헹군다.
4. 냄비에 물 2C, 설탕 1/2C, 생강을 넣고 약한 불에서 윤기 나게 졸인다.
5. 줄여진 생강을 체에 받쳐 남은 시럽을 걸려준다.
6. 그릇에 졸인 생강을 놓고 따뜻할 때 설탕을 뿌려준다.

Chapter 1. 한과류

꽃부각

재료

- 라이스페이퍼 ········· 5장
- 김 ········· 1장
- 찹쌀 ········· 15g
- 찹쌀가루 ········· 20g
- 자색고구마 가루 ········· 1큰술
- 치자가루 ········· 1큰술
- 쑥가루 ········· 1큰술
- 물 ········· 90g
- 식용유 ········· 8컵
- 물엿 ········· 3큰술

만드는 법

1 치자가루, 자색고구마가루, 쑥가루, 각각의 가루를 찹쌀가루와 물을 넣고 끓이다가 물엿을 넣고 불을 끈다.
2 라이스페이퍼를 가위로 8등분 한다.
3 등분한 라이스 페이퍼에 색을 들인 찹쌀풀로 조각조각 붙여준다.
4 완성한 꽃잎 가운데 찹쌀고두밥에 식용 색소 가루로 물을 들여 말린 찹쌀밥에 물엿을 발라 얹는다.
5 라이스페이퍼로 꽃을 만들어 찹쌀풀과 물엿이 충분히 마르고 꽃잎이 완성되게 충분히 말려준다.
6 하루 정도 말린 꽃잎들은 튀김온도 120도~130도에서 튀긴다.
7 꽃잎이 뽀얗게 튀겨지면 바로 뜰채와 나무젓가락을 이용해서 바로 건져낸다.
8 라이스페이퍼가 건조하여 오래 튀기면 질겨지거나 탈 수 있으니 기름온도에 유의하여야 한다.
9 꽃부각은 튀겨서 충분히 기름을 충분히 뺀 다음 식혀서 완성한다.

Chapter 1. 한과류

곶감호두말이

재 료

- 곶감 ·································· 4개
- 호두반태 ····························· 10개

만드는 법

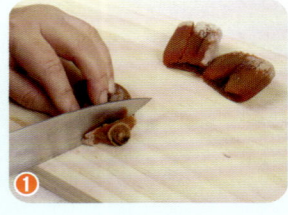
❶

❷

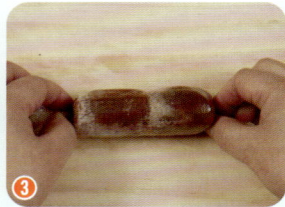
❸

❹

1. 곶감은 꼭지를 떼고 옆을 갈라 넓게 편 다음 씨를 빼고 두께가 균일한 직사각형이 되도록 곶감의 과육과 곶감의 위아래를 고르게 잘라 낸다.
2. 펼친 곶감을 김발 위에 0.5cm씩 겹치도록 하여 가로로 놓은 다음 호두를 넣어 김발로 만다.
3. 랩으로 양옆을 탄탄하게 감아 모양을 고정시킨 뒤 냉동실에 넣어 굳힌다.
4. 냉동고에 굳힌 곶감호두말이는 1cm 정도 두께로 썬 다음 랩을 벗긴다.

Chapter 1. 한과류

연근부각

재료

- 깐 연근 ·············· 800g
- 찹쌀가루 ·············· 60g
- 물 ·············· 300g
- 소금 ·············· 한꼬집
- 설탕 ·············· 4큰술
- 튀김유(식용유) ·············· 1리터

천연가루
- 비트가루 ·············· 1/2큰술
- 시금치가루 ·············· 1/2큰술
- 치자가루 ·············· 1/2큰술

식초물
- 물 ·············· 1리터
- 식초 ·············· 2큰술

만드는 법

1. 껍질 벗긴 연근은 0.3cm 두께로 썰어 갈변하지 않도록 식초물에 담가 둔다.
2. 찹쌀가루에 물, 소금을 넣고 중약불에서 끓여 찹쌀풀을 만든다.
3. 찹쌀풀을 그릇 3개에 나누어 담고 3가지 색을 각각 섞어 놓는다.
4. 연근에 삼색 찹쌀풀을 발라 식품 건조기에 온도 50℃에서 5시간 이상 말린다.
5. 말린 연근을 기름온도 150~160℃에 튀기거나 오븐 또는 에어프라이기에 구워낸 후 설탕을 뿌려 완성한다.

Chapter 1. 한과류

오란다 강정

재 료

- 오란다 ······················· 70g
- 쌀조청 ······················· 50g
- 설탕 ························· 10g
- 물 ···························· 7g
- 버터 ··························· 5g
- 크랜베리 ···················· 10g
- 호박씨 ······················· 10g

만드는 법

1. 조청, 설탕, 물을 넣고 약불로 끓이다가 버터를 넣고 중불에서 끓여 시럽을 만든다.
2. 오란다, 크랜베리, 호박씨를 넣고 실이 보일 때까지 섞어 준다.
3. 비닐을 깔고 강정틀을 놓고 볶은 오란다를 담은 후 그 위에 비닐을 덮고 손으로 꾹꾹 눌러 평평하게 만든다.
4. 오란다가 완전히 굳기 전에 꺼내 잘드는 칼로 가로 세로 3cm×4cm 정도 크기로 잘라 완성한다.

Chapter 2. 음청류

오미자화채

재 료

- 건오미자 ································ 1컵
- 오미자 우리는 물 ················· 1리터
- 소금 ····························· 한꼬집
- 꿀 ································ 2큰술
- 배 ································· 1/4개
- 잣 ································ 2큰술

시럽
- 설탕 ······································ 2컵
- 물 ··· 2컵

만드는 법

1 건오미자를 깨끗이 씻어 생수에 하루 전에 우려 둔다.
2 만들어진 오미자물에 설탕과 물을 동량으로 만든 시럽을 부어 섞는다.
3 오미자화채 고명으로 배를 얇게 썰어 모양깍지로 모양을 찍는다.
4 배를 모양깍지로 찍어 갈변이 되지 않도록 설탕물에 담궈 둔다.
5 2)의 준비된 오미자물에 배로 만든 고명을 넣는다.
6 잣은 고깔을 떼서 젖은 면보로 이물질을 제거한 후 오미자물에 고명으로 넣는다.
7 오미자물에 배꽃과 잣을 띄우고 꿀로 간을 맞춘다.
8 완성된 오미자 화채에 얼음을 넣기도 한다.
9 기호에 따라 제철 과일들을 모양 깍지로 찍어 넣기도 한다.

Chapter 2. 음청류

떡수단

재 료

- 멥쌀 ······················· 1컵
- 꿀 ························ 1/2큰술
- 녹말가루 ··················· 4큰술
- 잣 ························ 1/2큰술

화채 국물
- 생수 ······················· 2컵

설탕 시럽
- 설탕 ······················· 5큰술
- 물 ························· 5큰술

만드는 법

1. 설탕물을 끓여서 식힌다.
2. 멥쌀가루는 체에 내려 물을 뿌리고, 찜 솥에 면보자기를 깔고 쌀가루를 넣어 김이 오르면 10분 정도 찌고 5분 정도 뜸을 들인 후, 절구에 놓고 소금물을 묻혀 가며 차지게 될 때까지 쳐서 둥글고 가늘게 비벼 지름 1㎝ 정도가 되도록 밀어 가래떡을 만든다.
3. 대나무 칼을 사용하여 길이 1㎝ 정도로 둥글게 썬다.
4. 썬 떡은 다시 둥글게 만들어 녹말가루를 묻혀 털어낸 후 끓는 물에 삶아서 찬물에 헹구어 건져 물기 빼기를 3번 반복한다.
5. 차게 식힌 설탕물에 떡을 넣고 잣을 띄운다. (오미자 국물을 이용하기도 한다.)

Chapter 2. 음청류

원소병

 재 료

- 찹쌀가루 ································ 4컵
- 끓인 물 ································ 2큰술
- 소금 ································ 1작은술

원소병 떡소
- 유자청 ································ 2큰술
- 대추 ································ 5개
- 계핏가루 ································ 1작은술

원소병 물
- 생수 ································ 1리터
- 꿀 ································ 1/2컵
- 잣 ································ 1큰술
- 시럽 ································ 1컵

식용색소
- 치자가루 ································ 1/2작은술
- 자색고구마가루 ································ 1/2작은술
- 쑥가루 ································ 1/2작은술
- 계핏가루 ································ 1/2작은술

만드는 법

1. 찹쌀가루에 소금, 치자가루를 넣어 익반죽 한다.
2. 찹쌀가루에 소금, 자색고구마가루와 계핏가루, 쑥가루를 넣어 익반죽 한다.
3. 유자청, 다진 대추, 계핏가루를 넣어 원소병 소를 만든다.
4. 원소병떡 소를 만들어 둥글게 빚어 놓는다.
5. 각각의 색반죽을 떼어 동그랗게 반죽을 빚어 4)의 떡소를 넣어 떡을 동그랗게 빚는다.
6. 물과 설탕 동량으로 시럽을 만든다.
7. 오색으로 원소병을 빚어 끓는물에 삶는다.
8. 떡반죽이 떠오르면 뜰채에 건져 찬물에 담구어 식힌다.
9. 원소병 물을 시럽과 꿀을 넣고 삶아서 식혀둔 원소병에 부은 뒤 통잣을 띄워 완성한다.

Chapter 2. 음청류

단호박식혜

재 료

- 멥쌀 ················· 200g
- 엿기름 ··············· 200g
- 물 ···················· 2.5L
- 설탕 ·················· 90g
- 단호박 ··············· 200g
- 소금 ··················· 2g

만드는 법

1 주머니에 넣은 엿기름을 분량의 물에 30분 이상 불린다.
2 잘 불린 엿기름을 여러 차례 주물러서 엿기름물을 짜내어 앙금을 가라앉히고 엿기름 찌꺼기는 버린다.
3 씻어 불린 멥쌀은 불에 올려 고슬하게 밥을 짓는다.
4 단호박은 씨를 제거하고 껍질을 벗긴 뒤 김 오른 찜기에 올려 15~20분 정도 쪄준다.
5 앙금이 가라앉은 엿기름물은 맑은 웃물만 궁중팬에 가만히 따른다.
6 고슬하게 지어진 밥을 뜨거울 때 엿기름물에 넣고 잘 풀어준다.
7 엿기름물이 식지 않도록 중간중간 불을 켜서 따뜻하게 유지하여 밥알을 잘 삭혀준다.
8 밥알이 잘 삭아 떠오른 식혜에 찐 단호박, 설탕, 소금 약간을 넣고 5분 정도 끓인다.
9 삭은 밥알을 찬물에 씻어 건졌다가 단호박식혜 위에 동동 띄워낸다.

Chapter 2. 음청류

배숙

재 료

- 배 (중) ·················· 1/4개(150g 정도)
- 통후추 ························· 15개
- 생강 ···························· 30g
- 황설탕 ·························· 30g
- 백설탕 ·························· 20g
- 잣 (깐 것) ······················· 3개

만드는 법

1 생강은 껍질을 벗겨 얇게 저며 찬물 3컵 을 붓고 중불에서 은근히 끓인다.
2 배는 모양과 크기를 일정하게 3등분 하여 껍질과 씨를 제거하고 모서리를 다듬는다.
3 다듬어진 배에 일정간격으로 통후추를 깊숙이 박는다.
4 끓인 생강물은 체에 내려 불순물을 제거 한다.
5 준비된 생강물에 황설탕 1Ts, 백설탕 2Ts을 넣어 녹인다.
6 5)의 생강물에 배를 넣어 약불에서 뚜껑 열고 배가 투명해질 때까지 서서히 끓여 완성한 뒤 잣을 띄운다.

Chapter 2. 음청류

곶감 수정과

재료

- 통계피 ················· 50g
- 생강 ··················· 50g
- 황설탕 ················ 2컵
- 물 ····················· 20컵
- 통잣 ················ 1/2큰술
- 곶감 ··················· 6개
- 호두 ·················· 14개
- 잣 ···················· 1큰술

만드는 법

1 물 10컵에 얇게 저민 생강을 넣고 센 불에서 끓이다가 중약불로 은근히 끓인다.
2 물 10컵에 깨끗이 씻은 통계피를 넣고 중약불로 끓여 거르고 끓여 놓은 생강물과 섞어 황설탕 넣고 다시 끓인다.
3 곶감의 꼭지를 자르고 곶감을 끝을 남기고 반으로 갈라서 곶감의 과육과 곶감의 양쪽을 정리한다.
4 도마 위에 김발을 깔고 호두반태를 마주 보게 하여 준비해 놓은 곶감 위에 얹어 김발로 돌돌 말아 준다.
5 호두를 넣어 말아 놓은 곶감은 냉동고에 하루 정도 보관한 다음 1cm 정도 두께로 썰어서 준비된 수정과에 잣과 함께 띄워 완성한다.

Chapter 2. 음청류

백향과청 (패션후르츠)

재 료

- 백향과(패션후르츠) ··············· 100g
- 망고 ······························· 30g
- 설탕 ······························· 130g

백향과

만드는 법

❶

❷

❸

❹

1 백향과를 숟가락으로 파낸다.
2 망고를 칼로 가로, 세로1cm 크기로 자른다.
3 백향과와 망고를 섞어 분량의 설탕을 넣어 섞는다.
4 3)을 2~3일 정도 실온보관 후 냉장보관한 다음 티, 에이드, 스무디를 만든다.

Chapter 2. 음청류

단호박 막걸리

재료

- 찹쌀 ················· 1kg
- 누룩 ················· 200g
- 물 ·················· 1.5리터
- 단호박 ··············· 150g

만드는 법

1. 누룩은 물에 불린다.
2. 물에 불린 누룩은 손으로 여러 번 치대서 누룩물을 짜내고 찌꺼기는 버린다.
3. 찹쌀은 깨끗이 여러 번 씻어 5시간 정도 불린 다음 1시간 정도 물을 뺀 다음 40분 정도 찐다.
4. 찐 고두밥을 비닐을 깔고 넓게 펼쳐서 식힌다.
5. 식힌 고두밥과 찐 단호박을 넣어 누룩물을 넣어 고루 섞는다.
6. 5)를 소독한 항아리에 담는 다음 23~25도의 온도에서 5~7일 정도 발효시킨다.
7. 발효가 끝난 술은 면보나 체에 거른다.
8. 자루를 여러 차례 주물러 가면서 막걸리를 잘 걸러낸다.
9. 걸러낸 막걸리는 냉장 보관한다.

Chapter 2. 음청류

블루베리 막걸리

재료

- 찹쌀 ……………………………… 1kg
- 누룩 ……………………………… 200g
- 끓여 식힌 물 …………………… 800ml
- 블루베리 ………………………… 200g

만드는 법

1. 찹쌀을 깨끗이 씻어 8시간 이상 불린 뒤 1시간 정도 물기를 뺀다.
2. 찜기에 불린 찹쌀을 올리고 김이 오른 솥에 얹어 40분 찌고 20분 뜸 들인다.
3. 잘 쪄진 고두밥을 펼쳐서 23℃ 정도로 식힌다.
4. 식은 고두밥은 볼에 담고 분량의 누룩을 섞어 버무려준다.
5. 누룩을 섞은 고두밥에 분량의 끓여 식힌 물을 넣고 고루 섞어준다.
6. 마지막으로 블루베리를 넣고 20분 이상 잘 섞어준다. 이때 밥알이 깨지지 않도록 주의한다.
7. 항아리를 알코올로 소독하여 준비하고 고두밥을 담은 뒤 깨끗한 면보나 한지를 덮은 뒤 25℃ 정도의 온도에서 발효시킨다.
8. 5~7일 정도 후 체에 걸러 지게미와 술을 분리한다. 단, 온도에 따라 발효 정도가 다르므로 술맛을 보고 거르는 시기를 결정하면 된다.
9. 거른 술은 그대로 먹거나 물을 섞은 뒤 하루 이틀 냉장 숙성 후 먹을 수 있다.

Chapter 2. 음청류

오미자 막걸리 칵테일

재료

- 오미자청 ·································· 1컵
- 막걸리 ···································· 1병
- 레몬 ······································ 1개
- 얼음 ······································ 2컵
- 탄산수 ···································· 1병

가니쉬(장식)

- 레몬 ······································ 1개
- 체리 ······································ 5개
- 애플민트 ·································· 1팩

만드는 법

1. 칵테일용 얼음을 준비한다.
2. 칵테일 컵에 얼음을 채워 컵을 냉각시킨다.
3. 2)의 재료에 탄산수를 넣는다.
4. 막걸리를 넣는다.
5. 오미자청을 넣는다.
6. 오미자청과 레몬즙을 넣는다.
7. 모든 재료들을 넣고 스푼으로 젓는다.
8. 가니쉬로 레몬, 체리, 애플민트로 장식한 후 완성한다.

Chapter 2. 음청류

유자 막걸리 칵테일

재료

- 유자청 ·································· 1컵
- 막걸리 ·································· 1병
- 얼음 ···································· 2컵
- 탄산수 ·································· 2컵
- 레몬 ···································· 1개
- 꿀 ······································ 1/2

가니쉬(장식)

- 레몬 ···································· 1개
- 체리 ···································· 6개
- 애플민트 ································ 1팩

만드는 법

1. 칵테일 컵에 얼음을 채워 컵을 냉각시킨다.
2. 1)의 재료에 탄산수를 첨가한다.
3. 막걸리를 계량해서 첨가한다.
4. 유자청을 넣는다.
5. 레몬즙을 넣는다.
6. 스푼으로 젓는다.
7. 막걸리를 붓는다.
8. 모든 재료들을 스푼으로 저어 완성한다.
9. 레몬 슬라이스와 체리, 애플민트로 장식한 후 완성한다.

Chapter 2. 음청류

키위 막걸리 칵테일

재 료

- 키위 ·· 2개
- 막걸리 ······································ 1병
- 얼음 ·· 2컵
- 탄산수 ······································ 2컵
- 레몬 ·· 1개
- 꿀 ··· 1/2컵

가니쉬(장식)

- 레몬 ·· 1개
- 체리 ·· 6개
- 애플민트 ·································· 1팩

만드는 법

1 키위를 잘게 썰어 둔다.
2 칵테일 컵에 얼음을 넣어 냉각시킨다.
3 2)의 재료들에 탄산수를 넣는다.
4 막걸리를 계량해서 붓는다.
5 잘게 다져놓은 키위를 넣는다.
6 레몬즙을 넣고 스푼으로 섞는다.
7 가니쉬로 레몬을 슬라이스해서 접시에 꽂는다.
8 레몬 슬라이스한 조각과 체리를 이용하여 가니쉬로 장식한다.

Chapter 2. 음청류

이양주

재 료

밑술
- 멥쌀가루 ·································· 600g
- 누룩 ······································ 150g
- 끓는 물 ·································· 1.5L

덧술
- 찹쌀 ······································ 1kg

만드는 법

1 쌀가루를 중간체에 내린 후 분량의 끓는 물을 넣어 반생반죽의 범벅을 만들어 식힌다.
2 잘 식힌 범벅에 누룩을 넣고 부드러워질 때까지 잘 섞어준다.
3 항아리를 알코올로 소독한 후 범벅을 넣어 20~23℃에서 2~3일 정도 발효시켜 밑술을 완성한다.
4 찜기에 불린 찹쌀을 올리고 김이 오른 솥에 얹어 40분 찌고 20분 뜸 들인다.
5 잘 쪄진 고두밥을 펼쳐서 23℃ 정도로 식힌다.
6 볼에 식힌 고두밥을 담고 발효된 밑술을 부어준다.
7 밥알이 깨지지 않도록 주의하며 고두밥과 밑술이 잘 섞이도록 20분 이상 주물러준다.
8 항아리를 알코올로 소독하여 준비하고 덧술을 담은 뒤 뚜껑을 덮고 20~23℃ 정도의 온도에서 맑은 술이 고일 때까지 발효시킨다.
9 발효가 끝난 술은 체에 걸러 술과 지게미를 분리해 탁주로 마시거나, 거른 술을 다시 냉장고에 넣어 앙금을 가라앉혀 맑은 술만 거른 후 청주로 먹어도 좋다.

참고문헌

- 강인희, 《한국의 떡과 과줄》, 대한교과서, 1997.
- 한복려, 《떡》, (사)궁중음식연구원, 1999.
- 윤숙자, 《떡이 있는 풍경》, (주)질시루, 2011.
- 윤숙자, 《한국의 떡·한과·음청류》, 지구문화사, 1998.
- 강란기, 《조리기능사 이론》, 도서출판 유강, 2013.
- 김지연 외 3인, 《한식조리기능장 실기》, 도서출판 유강, 2014.
- 전순주, 《떡제조기능사 초단기 완성》, 예담사, 2019.
- 양진삼 외 7인, 《떡제조기능사》, (주)다이어리알, 2019.
- (사)한국전통음식연구소, (주)지구문화사, 2019.
- 강란기 외 1인, 《NCS기반의 조리실무》, 도서출판 유강, 2019.
- 강란기, 《조리기능사 이론요약》, 도서출판 유강, 2019.
- 최순자 외 2인, 《떡제조기능사》, 에듀 경록, 2020.
- 강란기, 《한식조리기능사 필기》, 도서출판 유강, 2021.
- 강란기, 《NCS한식 조리 실기》, 도서출판 유강, 2021.
- 강란기·서수영·이순란·이은주, 《NCS기반의 떡제조기능사 (필기+실기)》, 도서출판 유강 2023.

떡제조기능사 실기
떡&한식디저트

초 판 인 쇄 | 2023년 3월 15일
초 판 발 행 | 2023년 3월 20일

저　　　자 | 강란기, 이미경, 허수영, 박은향
발　행　처 | 도서출판 유강
발　행　인 | 柳麟夏
감　　　수 | 강란기
주　　　소 | 경기도 성남시 중원구 상대원동 144-3 우림라이온스벨리 5차 B동 412호
전　　　화 | 010-5026-4204
총　무　과 | 031-750-0238
홈 페 이 지 | www.ukang.co.kr

디　자　인 | 옥별
사　　　진 | 황익상

ISBN 979-11-90591-35-5

정가 18,000원

잘못된 책은 교환해 드립니다.
저자와 협의하에 인지를 생략합니다.

본 책의 무단복제 행위는 저작권법에 의거 5년 이하의 징역 또는 8,000만원 이하의 벌금에 처하거나 이를 병과할 수 있습니다.